基礎から学ぶ
企業会計

高橋史郎／河路武志／伊藤克容
Shiro Takahashi　Takeshi Kawaji　Katsuhiro Ito
伊藤公哉／井上慶太［著］
Kimiya Ito　Keita Inoue

ACCOUNTING

中央経済社

まえがき

会社（およびその他のさまざまな組織）において，経理や財務などの会計関係の仕事はたいへん重要な役割を担っています。会計についての知識は，語学やPCスキル（IT）の２つとともにビジネス・パーソンの「三種の神器」とよばれることもあります。ステークホルダー間の利害調整，投資家への情報提供など，社会の運営に不可欠な役割を果たしていることから，「ビジネスの言語（Language of Business）」と称されるほど重要なスキルです。会計とは，資金を集め，事業を遂行し，その結果として利益を獲得するさまざまな活動を金額的に識別・測定・記録・報告するプロセスです。

今日，会計は世界中で広く普及しており，取引の際の交渉，判断，説得などの場面で効果を発揮するだけではなく，経営学や経済学の学習にとっても必要な知識となっています。ビジネスの言語としての会計の知識をもっていたほうが，今後のキャリア上で有利な立場に立つことが多いでしょう。

本書の目的は，ビジネスの基本的なツールである会計をごく入門的なレベルから学習し，さらに専門的な会計各分野の学習に結びつけることにあります。社会の動きや企業活動を深く理解し，自分のキャリアを充実させるために，読者の方が会計について興味関心を抱き，基本的な内容について理解できるようになること，発展的な学習への意欲を喚起させることができたらまことに幸いです。

2021年２月

著者一同

CONTENTS

第1章 企業会計の概要

1 企業会計とは何でしょうか

「会計」という言葉を聞いたとき，皆さんはどのようなイメージをもつでしょうか。身近なところでは，レストランなどで食事をすませて代金を支払うときの「お会計をお願いします」という言葉でしょうか。あるいは，TVドラマなどの舞台となるようなパソコンなどのIT機器がずらりと並んだ経理部や財務部などのオフィスを思い浮かべる方もいるかもしれません。

会計をアカデミックにとらえていくのが「**会計学**」という学問領域であり，そこでの会計の意味は次のとおりです。

会計とは，特定の経済主体が，一定の目的を達成するために行う経済事象（経済活動のことです）について，主に金額（貨幣額といいます）で認識し，測定し，それを記録し，さらにその結果をさまざまな利害関係者に報告する行為です。会計は，英語では**アカウンティング**（Accounting）と表記されますが，**アカウンタビリティ**（Accountability）という「説明責任」，「説明義務」という意味をもつ言葉に由来しています。

定義を少し細かく追ってみましょう。

経済主体とは，経済社会のなかで財やサービスが生産され交換され，さらに消費されていく仕組みを成り立たせている主体のことです。また，経済事象とは，財貨（金銭や財）やサービスの状況に影響を与えるできごとです。経済主体には，株式会社のように営利を目的とする営利組織（企業）と営利を目的としない病院や学校などの非営利組織が含まれます。

認識とは会計の対象として認めることであり，**測定**は金額を決めることです。**記録**のためのツールは，紙製の帳簿が主流だった時代から，いまやパソコンなどのコンピュータに移り変わっています。**報告**は，財務諸表という報告書が主体ですが，近年では会計情報の利用者のニーズに応じて報告される内容に広がりがみられます。

少し難しかったでしょうか。たとえば，買い物を依頼されて１万円と買い物リストを渡されたとしましょう。あなたは，買い物リストの品物を１つひとつ値段を確かめながらかごに入れていきます（これが認識と測定です）。そして，レジで代金を支払った後でレシートを受け取るでしょう（この場合，このレシートが記録となります）。そして帰ってきたらそのレシートとお釣りを依頼者に渡すはずです（これが報告です）。

経済主体には，家庭，企業，国や地方自治体，公益法人，学校法人，医療法人，NPO法人など，さまざまなものがありますが，前述のように，利益の獲得を目的とするか否かで**営利**と**非営利**に分けることができます。

営利を目的として財やサービスを生産し，それを経済社会に提供して対価を得ている経済主体は**企業**です。この企業が行う会計を**企業会計**とよんでいます。企業会計は，企業活動に影響を与える経済事象を対象とする会計です。非営利組織に関する会計は，**非営利会計**といいます。

企業は，日々さまざまな取引を行っていますが，そのほとんどが会計処理の対象となります。もちろん皆さんも，意識するしないにかかわらず，この企業会計と密接にかかわっています。

日常生活の情景を考えてみてください。

朝，家を出てスマートフォンでダウンロードした音楽を聴きながら駅に向かいました。途中，コンビニエンスストアで昼食を購入しました。電車に乗るとき，電子マネーの残高が少なくなったので現金でチャージしました。

これらの商品やサービスを提供する企業は，皆さんと「**取引**」があったとして企業会計の手続きにしたがって会計処理をします。皆さんは，そのつど意識はしないかもしれませんが，暗黙のうちに間接的に企業会計とかかわりをもっているのです。

2　会計の種類と企業会計の位置づけ

会計には大きく分けて２つの区分があります。経済学は「マクロ経済学」と「ミクロ経済学」に大きく分けられますが，会計も同様に「**マクロ会計**」と「**ミクロ会計**」の２つに区分されます。

マクロとは巨視的という意味で，ものごとを俯瞰的（ふかんてき）に大きくとらえるアプローチです。マクロ会計は，国や地方自治体の経済事象を対象とします。他方，ミクロとは微視的という意味で，ものごとをマクロよりは微細にとらえていくアプローチです。このミクロ会計の代表となるのが，企業会計です。

このマクロとミクロの区分と，先ほど述べた営利と非営利の違いで会計の種類を整理してみましょう（**図表１－１**）。この図表では，マクロ会計の領域である公会計以外はミクロ会計に入ります。

なお，家庭が行う会計は「**家計**」，国や地方自治体が行う会計は「**公会計**」，各種の非営利法人が営む会計は「**非営利法人会計**」とよばれており，従来は大きな違いがありましたが，最近は企業会計の仕組みを採り入れる方向に向かっているようです。

また企業会計には，対象とする会計情報の利用者の違いに応じて大きく分けて２つの会計システムがあります。企業外部の利害関係者に対して報告するシステムが「**財務会計**」であり，外部報告会計ともよばれます。他方，企業内部の関係者の意思決定に役立つように報告を行うシステムは「**管理会計**」であり，こちらは内部報告会計というよび方もします。

読者の皆さんが日常で利用できる会計情報は，企業が外部の利害関係者に対して公開したものです。したがって，主に財務会計のシステムを通して各企業から発信されたものとなります。

なお，図表１－１では示されていませんが，企業会計と密接にかかわる会計システムに「**税務会計**」があります。企業が収める税金（**法人税**など）を計算するためのシステムです。企業に課税される税金は，企業が獲得した利益をもとにして計算されます。利益は企業会計システムによって算出されますが，その利益の金額を出発点として企業の税金を計算するのが税務会計システムとなります。したがって，財務会計と税務会計の２つの会計システムは密接不可分であり，シームレスな関係にあるといえるでしょう。

図表１－１　さまざまな会計の種類

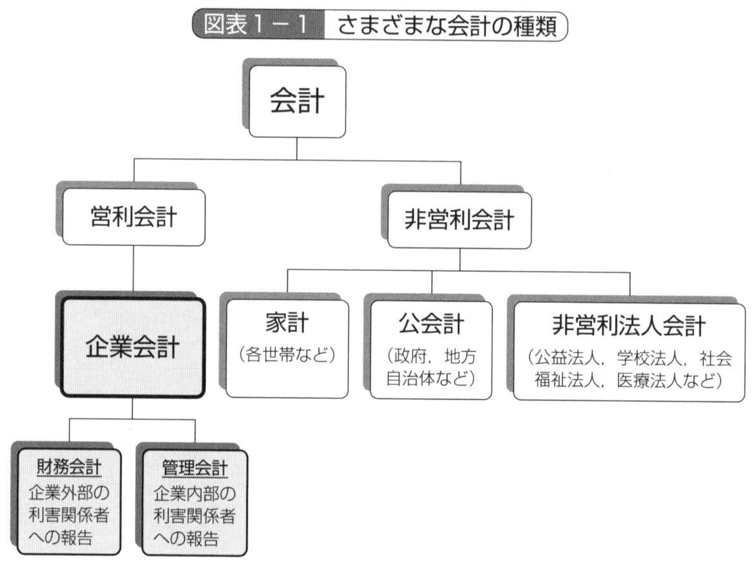

3　会計を行うための前提を理解しよう

日々，家計簿をつけているとしましょう。収入や支出の細かな会計記録でもあり，立派な生活記録でもあるでしょう。この家計簿，何の気なしにつけているかもしれませんが，実は重要な前提のうえに成り立っています。

この前提は，「**会計公準**（かいけいこうじゅん）」とよばれています。会計公準は，会計の実務慣習の積み重ねのなかから，暗黙のうちに必要不可欠なものとして選び出された基本的なものです。最大公約数として最低限必要なものが抽出されているので，国や地域が違っても会計公準は基本的には変わりません。たとえるならば，健康な生活をおくるためには，「規則正しい生活」，「バランスのとれた食事」，「適度な運動」が必要とされていますが，これは万国共通でしょう。会計公準も同じようなものだと思ってください。会計公準には，次のような３つの前提があります。

第１の前提は，「**企業実体の公準**」です。会計を行う主体（会計主体または会計単位といいます）に関係するものです。

企業そのものを会計主体あるいは会計単位とみなすのが，「企業実体の公準」です。企業実体は，英語ではエンティティ（Entity）と表記されます。株式会社などには株主などの出資者がいますが，そこから切り離された企業そのものの存在を仮定した公準です。通常，企業実体は，独立の法人格をもった法的実体として扱われます。

たとえば，家計簿をつけている場合，それは誰のためなのでしょうか。独身者であれば自分のためでしょうし，この場合には独身者が１つの会計主体です。また，家族がいれば，世帯主として家庭の収入や支出の管理を行う必要があります。この場合，会計主体は独身者ではなく世帯となるでしょう。同じ家計簿をつけるにしても，記録の対象とする範囲がそれぞれの生活状況に応じて異なり，会計主体も変わってくるのです。

同じように，企業実体である会計主体の範囲も変わります。１つの企業だけの場合もありますが，多くの場合は複数の経済的に密接な関連のある企業を１つの企業グループとしてひと括りにします。

セブンイレブンやイトーヨーカドー，デニーズなどは，皆さんもよく知っている企業で身近な存在でしょう。また，毎年，マスコミによる企業イメージのランキングや人気度ランキングが公表されていますが，トヨタ自動車，パナソニック，ソニーなどは，過去のランキングをみても歴代上位にランクインをしています。最近では，アップルやグーグルなどGAFAとよばれている企業も上位に名を連ねるようになっています。

いずれの企業も企業グループの代表ですが，そのグループ内には業務が関連する企業が多数存在します。これらは，その１つひとつが企業実体でもありますし，相互に密接した関係をもつグループとしてとらえるならば，企業グループ全体が企業実体となるでしょう。

次の第２の前提は，会計の測定単位にかかわるものであり，「**貨幣的評価の公準**」です。先ほど述べたように，皆さんは日常でさまざまな取引を行っていますが，そのほとんどは通貨という貨幣単位を基準としているでしょう。

日常生活で使われる単位にはさまざまなものがあります。個数を把握するためには，１個，１台，１頭，１杯，１羽などの単位が，長さや重さを測るためには，センチメートル，インチ，マイル，キログラム，ポンド，オンスなど，数多くの種類があります。イカは，１杯，２杯として，ウサギは１羽，２羽として数えるなど，少しおやっと戸惑われるような単位もあるでしょう。そこまでではありませんが，取引ごとにその分量や価値を測る際に，いろいろな尺度が混在していると取引の認識や記録に支障がでることがあります。

そこで，さまざまな測定単位を，貨幣という共通の尺度で統合する必要がでてきます。そのための公準が「貨幣的評価の公準」です。この公準があることにより，企業の活動や財産の内容を「貨幣価値」で誰しも迷わずに客観的に評価することができるようになるのです。

最後の，第３の前提は，「**会計期間の公準**」とよばれます。企業会計の対象となる企業には大きな仮定が設けられています。それは，「企業は永久に継続するもの」という仮定です。

近年，SDGsという言葉をよく目にしますが，「Sustainable Development Goals」の略称で，「持続可能な開発目標」という意味です。SDGsは，2015年９月の国連サミットで採択されたものであり，2030年までに持続可能でよりよい世界を目指す国際目標です。各企業は，この目標達成のために工夫を凝らし，企業自体が継続していくための活動に邁進しています。目標達成のためには，当然のことながら，企業の永続性が不可欠となるでしょう。

SDGsは，近年提唱された新しい考え方ですが，企業の永続性については，時代を問わずに必要とされるのはいうまでもありません。

中世の冒険商人が活躍した時代では，１つの航海が終わった時点で決算が行われていました。ところが，現在の企業会計では，企業の永続性を前提としながら，企業の経営成績や財政状態などを定期的に報告することが求められています。そのためには，永続が仮定されていながらも，会計報告のために一定の期間（１年，半年，３カ月など）を人為的に区切る必要がでてくるでしょう。そのために必要になるのが，「会計期間の公準」なのです。

4　企業会計のフィードバック効果

ここまでは，企業会計の意味や位置づけ，前提について確認してきました。それほど難しい内容ではないことがおわかりになったかと思いますが，ともすれば「会計という学問はいかめしくて堅苦しい」という印象をもつ人が多いのも事実です。本節では，実はそうでもないのです，ということを示していきたいと思います。

会計の別名は，「ビジネスの言語（事業の言語）」です。ビジネス活動をするために必要な言語なのです。皆さんもいくつかの言語を習得するためにトレーニングした経験があるでしょう。その過程で必要になるのは，語彙と文法の理解であり，用語の意味や決まりを知る必要があります。後の章で登場しますが，「**貸借対照表**」，「**損益計算書**」などが会計で使われる用語です。

言語は，さまざまな特性を備えていますが，そのなかでもとくに重要なものが繊細さ，言い換えればデリケートさです。つまり，言語を使って表現をするときに，表現の仕方をわずかに変えただけで，その表現を受け取る立場の反応ががらりと変わってしまうのです。

例を示しましょう。あるとき，彼女（あるいは彼）が料理を作ってくれました。彼女（彼）は「さあ，どうぞ」と微笑みながらテーブルに料理の皿を置きました。一口食べたところ，心のなかであなたはこう思いました。「いったいどんな味付けをしたのだろう？　はっきりいってまずいな！」。彼（彼女）の口には合わなかったのですね。

さて，このとき，あなたは実際にどんな言葉で表現するでしょうか。心のなかの声（反応）をそのまま直接彼女に伝えるでしょうか。いえ，違うでしょう。ときと状況によって違うでしょうが，おそらくそのままダイレクトに心のなかの言葉を伝えることは差し控え，別の言葉に言い換えるはずです。たとえば，「他では食べられないユニークな味だね」など…。

これこそがまさに言語の繊細さなのです。自分が思った言葉をそのまま直接的に表現するのではなく，まずはこう話したら相手はどう思うだろう，どんな反応をするだろう，と事前予測をします。予測をしたうえで，この言葉はまずいだろう，かなり機嫌を損ねてしまうかもしれないなど，さまざまにシミュレーションをするでしょう。

事前予測を繰り返し，この言葉なら機嫌を損ねることはない，激怒されて場の雰囲気を壊すこともないだろうと判断したうえで，できるだけ穏やかな反応になるような言葉を実際に発するはずです。このような行為は，「**フィードバック効果**」とよばれています。

つまり，情報の送り手は，自分が発信する情報の受信者がとるであろう行動の影響を事前に予測します。そして，予測したうえで，当初考えた情報が伝達される前に当該情報の内容を変更する，あるいは自分自身の行動を変えようとするのです。このようなことは，日常茶飯事でしょう。

会計情報になぞらえてみましょう。会計情報は，情報の受信者だけではなく情報の送り手（作成者）にも影響を与えます。会計情報は，その受信者にさまざまな影響（とくに経済的影響）を与えるため，会計情報の送り手（経営者などの作成者）は，自分が発信した情報がどう評価され，さらにその評価にもとづいて受け手がどのように行動するかを予測します。なぜなら，受け手の行動が，送り手の経済的な利益に跳ね返ってくるためです。つまり，会計情報は，一方向ではなく双方向の経済的効果を生み出しているのです（**図表１－２**）。

図表１－２　会計情報のフィードバック効果

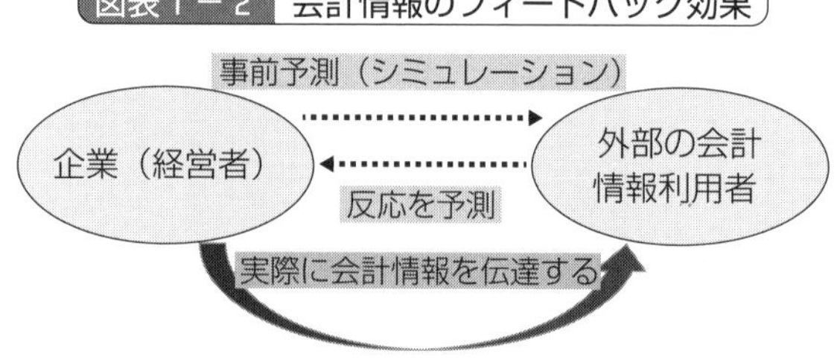

5　企業会計の目的と機能

それでは，企業会計がこのようなフィードバック効果をもつことを理解したうえで，企業会計の目的と機能について考えてみましょう。

企業会計の第１の目的は，企業の**経営成績**（業績）を明らかにすることです。つまり，一定期間の企業活動の結果，どれだけの利益を獲得したかについて情報提供をします。さらには，獲得した利益だけではなく，いかに効率的に獲得したかについて評価するための情報も提供します。どれだけの経営資源を経営活動に投入し，その結果どれだけの利益を得たのかについての情報を明らかにするのです。

次に第２の目的は，企業の**財政状態**を明らかにすることです。企業が保有している経営資源（プラスの財産と考えましょう）と，企業が負担しなければいけない債務（あるいは負債，マイナスの財産です）について，それぞれ種類と金額について情報提供をします。

これらの２つの目的を果たすために，企業会計には主に２つの機能があります。第１の機能は，第１節でも示しましたが「**説明責任**」または「**説明義務**」です。「**会計責任**」ともいいます。そして第２の機能は，「**利益分配決定**」です。

第１の機能は，会計の原点に起因するものです。一定の経営資源の運用と管理を任された者は，それを委託した人に対して自分がとった行動の結果（成果）を示し，そうなった原因について説明し，それが委託した人に承認されて初めて責任から解放されます。信頼が得られるように，また後に検証できるように，偏りなく中立性をもった会計情報を示す必要があります。

次に第２の機能の「利益分配決定」ですが，これは主に企業をめぐる利害関係者の間の利益分配がトラブルなく行われるためのものです。会計情報の利用者として，企業内外にさまざまな存在がいます。企業内では経営者，役員，従業員などが，企業外では株主などの投資家，金融機関，監督官庁，税務当局など，利害関係者の種類は多岐にわたっています。企業が獲得した利益の配分について，利害関係者の間で多い少ないなどのもめごとが起こらないように，公正な会計情報を示すための機能です。

皆さんの日常生活でも，このような機能が必要な場面は多いでしょう。たとえば団体やサークルなどで会計や資金管理の役割を任されたとしましょう。

参加メンバーから集めた会費をもとに活動をして，今年度は利益を得ることができました。あなたは年度末に，集めた会費が合計いくらで，それをどんな活動にどれだけ使ったか，そしてその結果としていくらの利益があがったかについて報告するでしょう。もし質問や不備の指摘があった場合，あなたは領収書や預金通帳などを示してメンバーに説明しなければいけません。関係者全員に，ようやく納得してもらった段階で，はじめて会計責任が果たされるのです。

また，活動の結果として獲得された利益は，メンバーの間で均等に分けるのか，あるいはより一生懸命頑張ったメンバーに重点的に配分するのか，それともメンバーへの配分はなくして団体やサークルの内部に蓄えておくのか，などいろいろな選択肢があるでしょう。このような利益分配のやり方を決定する際に第２の機能が役立つのです。

Exercise 1－1 ◈サークルの会計を任されているあなたは，メンバーから預かっていた会費の記録を確認しています。本来なら10万円あるはずが金庫をチェックしたところ８万円しかありませんでした。さてあなたはどうしますか。会計の目的や機能に照らして説明してください。

Exercise 1－2 ◈日々の行動を振り返ってください。そのなかで，本章で説明した「フィードバック効果」が働いたと思われることをいくつかあげてください。

Column コラム

利益とは何か　― 会社の歴史から考える ―（前）

2019年５月９日の日本経済新聞に「トヨタ自動車の2019年３月期純利益は１兆8,828億円となった」という記事が掲載されました。これは，トヨタの車が２兆円ほど売れたということでしょうか。それとも，トヨタのもっているお金が２兆円ほど増えたのでしょうか。残念ながら，どちらも違います。トヨタの車は，１年間で30兆円あまり売れていますし，お金は５千億円しか増えていません。では，ここでいう「利益」とは何のことでしょうか。

経営学部では，企業の経営状況を評価するために会計について学びます。そこでは，会計の役割と利益の考え方について理解することが大切になります。このコラムでは，少し意外かもしれませんが，ヨーロッパの歴史を振り返りながら，会社の仕組みと会計の役割の変化を学び，利益とは何かについて考えていくことにします。

さて，古代ギリシャ・ローマの時代にもお金の記録はなされていました。たとえば，アリストテレス商店（店名は架空です）の取引記録やシーザー商会の貸出記録などのように，お金とモノの交換やお金の貸し借りについての備忘録的な記録はさまざまな遺跡から発見されています。当時まだ紙は普及していませんでしたから，粘土板に刻んだり動物の皮に書いたりしていました。ところが，これらの記録からはいくらもうけたか＝利益にあたる計算は見つかっていません。この時代には，お金やモノが出入りした結果，手元にどれだけ残っているかを残高計算することが会計の主な役割でした。

ところで，なぜもうけを計算しなかったのでしょうか。それは事業が家族経営によって行われていたためです。家族や親戚だけで小規模な事業を営んでいる場合，元手となるお金を自分で拠出して，自分で事業を運営するわけですから，元手がどれだけ増えたのかを計算して他の人に報告する必要がないのです。せいぜい，金庫にあるお金が増えていくのを見てニンマリするときが，もうけを実感する機会に過ぎなかったかもしれません。

次に，中世ヨーロッパの時代を見てみましょう。このころになるとイタリアにはヴェネツィアやフィレンツェなどの都市国家が誕生し，地中海貿易が盛んになります。この地域の商人は，船団を組んでトルコやアフリカとの交易を行いました。長期にわたる危険な航海を行うためには多額な費用が必要となり，家族経営のような小規模な事業では実行できません。次第に，複数の商人が仲間を募って多額の元手を集め，貿易会社を結成するようになりました。勇敢な船長を雇い，大型船で地中海各地に向かいます。現地では，ヨーロッパの銀や工芸品と，東方の香辛料などを交換する交易が行われました。当時の香辛料は，肉食文化のヨーロッパの人々に大変人気があり，銀と香辛料が同じ重さで取引されたほどだったようです。無事イタリアの港に帰って来られればよいのですが，なかには嵐に巻き込まれ遭難してしまう航海もありました。香辛料などの交易品は，ヨーロッパの市場では大変高値で売りさばくことができ，仕入れ値の数十倍で売れたこともありました。航海の期間は2，3カ月で終わるものもあれば，数年にわたるものもありさまざまでしたが，1回の航海が終了すると，最後に航海会社を清算します。交易品が売れたお金に加えて，武器，食料，船などを処分したすべてのお金を合計して，元手を出した商人たちの分け前として分配します。

この時代には，仲間うちでの分け前を分配するために利益を計算することが会計の役割でした。一航海一会社のように，事業ごとに設立されては清算される会社を当座会社といいます。当座会社の利益計算は簡単です。初めに集めた元手のお金と最後に清算され分配されたお金との差額が会社の事業活動からもうかった金額であり，これを利益として計算すればよいのです。このような考え方を現金主義会計といいます。私たちが通常イメージする利益とは，このお金の増加を思い浮かべるのではないでしょうか。

しかし，冒頭のトヨタの記事にあった2兆円の利益とは，このお金の増加額としての利益とは異なるものです。トヨタは会社を作ってはすべて清算しているでしょうか。会社はずっと継続的に事業を続けています。この疑問を解くために，さらに時代を進めましょう。

（後編に続く）

会計情報のディスクロージャー

1　会計責任とディスクロージャー

企業会計の概要についてはご理解いただけたでしょうか。

本章では，会計情報を開示することがなぜ必要なのか，またどのような形で開示されるかについてみていくことにしましょう。

会計情報の開示は，**財務開示**や**財務ディスクロージャー**（Disclosure）とよばれています。以下，ディスクロージャーという言葉を使っていきます。

前章で説明しましたが，企業会計の機能の1つに「会計責任」を果たすことがありました。会計責任は英語で**アカウンタビリティ**（Accountability）といいます。企業（経営者）が，さまざまな経営活動の過程やその結果について説明しなければならない，という意味です。

企業と株主の例で会計責任を考えてみましょう。企業の経営者は，株主が委託した資源（財務的なものやそうではない非財務的なものがあります）を管理する責任があり，この管理に関する説明書を提出する責任があります。これが会計責任です。この責任を果たすために必要なツールが，「**財務諸表**（ざいむしょひょう）」とよばれる財務書類です。財務書類にはさまざまなものがあり，その1つは財務表とよばれますが，それをひとまとめにしたものが財務諸表です。

企業と株主は，一方向だけではなく双方向の関係にあります。前章で説明したフィードバック効果があるためです。株主は財務諸表で経営の結果について説明を受けるだけの立場ではなく，企業の説明に対して質問できる立場にもあります。図で表してみましょう（**図表2－1**）。

この双方向の関係が円滑に機能するためには，会計責任がきっちりと果たされる必要があります。果たされなかった場合にはどうなるのでしょうか。実例はたくさんあります。企業経営者が，自社の株価をつり上げるために会計処理の不正を繰り返し，結局はそれが白日のもとにさらされて企業破たんに至った例や，そこまではいかなくとも経営不振に陥って事業部門のいくつかを売却せざるを得なくなった例など枚挙にいとまはありません。

会計責任を果たすための機能，仕組みがうまく働いていれば，そうはならないはずです。企業活動は企業外部から可視化されて透明度の高いものになります。企業経営者が，会計情報のフィードバック効果を認識して，外部の利害関係者の反応を強く意識していれば，一時的な隠ぺいは効果のないものであり，むしろできるだけ早い段階でのディスクロージャーによって会計責任を果たそうとするはずです。ディスクロージャーが必要な理由は，まさにここにあるのです。

図表２－１　企業と株主の双方向の関係

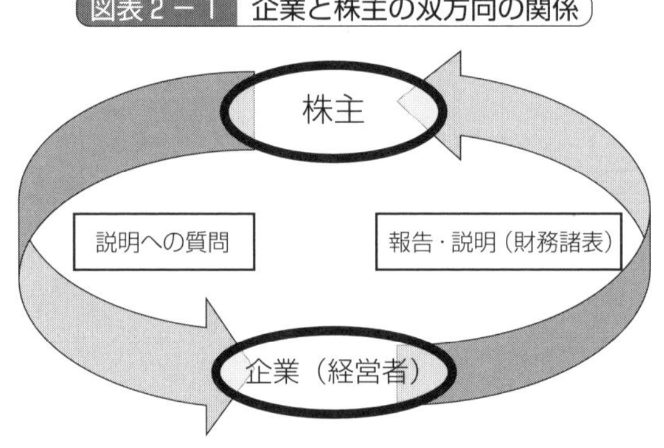

2　ディスクロージャーのルール

(1)　法規制によるディスクロージャー

皆さんは，それぞれの生活のなかでさまざまな法律にしたがって行動しているでしょう。自動車免許をもっている人であれば，運転をするときに「道路交通法」という法律にしたがってドライブしているはずです。また，最近では，今まで気軽に乗っていた自転車についても，道路交通法が厳しく適用される場面も増えてきました。自転車というと，雨の日には傘さし運転をしたり，友人と２人乗りをしたりしてしまっている人もいるかもしれません。それも今はご法度（はっと）です。お手軽な自転車であっても，最近は厳しく法律の規制を受ける状況になっているのです。

会計もまったく同じです。法律を根拠とする会計のもとで公開される会計情報は，やはり法律のもとでその開示内容，ディスクロージャー内容が細かく規制されています。他方で，規制にとらわれずに企業が自発的に公表するものがあります。前者の，法律規定の枠内で行われている会計システムを一般には「**制度会計**」とよんでいます。法律というルールのもとで行われている会計のことですね。

この制度会計には，いくつかの種類があります。企業会計を規定する根拠となっている法律がいくつかあるため，それぞれの法律にもとづいて会計が規制されているのです。具体的にあげると，「**会社法**」，「**金融商品取引法**」（省略して「金商法」ともよばれます），さらに「**法人税法**」という法律があります。会計は，これらの法律を根拠として，システムとして整合的に働くように組み上げられているのです。難しく考える必要はありません。要は，さまざまな法律がありますが，それぞれの法律において目的とすることが異なっているので，必然的に会計の役割も変わってくるものだと考えてください。では次に，それぞれの法律にもとづいた会計をみていくことにしましょう。

(2)　会社法

会社法という法律をご存知でしょうか。もしかすると，**商法**という法律を知っている方もいるかもしれませんが，2005年（平成17年）に，もともとの商法のなかから会社の計算に関する部分を抽出して再構成された法律が会社法だと思ってください。

この会社法のもとで運用される企業会計は，主に，債権者の保護を主な目的としています。債権者の代表は，企業に対してお金を貸し付ける金融機関などですが，その債権者が安心して企業に貸し付けを行えるように判断できる会計情報を提供することが重要な目的です。

今や，クラウドファンディングや，仮想通貨を利用したさまざまな資金調達方法がありますが，資金貸付者の立場から考えると，自分が貸し付けた資金が無事に返済されるかどうかは，債権者に対してたいへん重要な会計情報となるでしょう。皆さんも，たとえば友人から，これこれのお金を貸してくれないか，という相談を受けた場合，「果たしてちゃんと返してくれるのだろうか」，「貸したまま返ってこないのでは」と，さまざまに悩む場面もあるかもしれません。友人の経済状況を判断したうえで，貸す，貸さない，あるいは返ってこなくてもしょうがない，など，いろいろな判断をするでしょう。そのようなときに役立つのが，企業の場合には会社法のもとでの会計情報だと考えてください。これが，債権者の保護のための会計情報です。

(3) 金融商品取引法

将来の生活資金などのために，株式取引を行っている人（投資家）も多いかもしれません。金融商品取引法は，金融商品の発行市場と流通市場に関する法律です。企業会計の立場でみると，投資家保護のための会計情報を提供する，という役割を担っています。かつては，「**証券取引法**」とよばれていた法律です。

皆さんが，ある企業に対して株式投資をしていると想定しましょう。当然のことながら，投資対象の企業の業績や財政状態が気になるはずです。来期の業績は今期と比較して上がるのだろうか，重大な経営危機に瀕して経営破たんすることはないだろうか，などさまざまな投資判断をするはずです。そのために開示される会計情報が，金商法のもとでの会計情報なのです。

では，会社法と金商法のもとで開示される会計情報の内容について整理してみましょう（**図表２－２**）。両者は，異なる法律のもとで開示される会計情報であり，それぞれ独立した違う内容だと思われるかもしれませんが，実は共通部分が多いのです。企業会計の実務上の負担を考えると，２つの法体系のそれぞれに合わせた会計情報の作成は，かなり大きな負担となります。考えてみてください。もともとは，同じ取引をもとにして作成される会計情報なのに，作成の根拠となる法律が違うからという理由で，様式が異なる会計情報を作成することはかなりの無駄が発生します。つまり，２つの法体系にもとづく会計制度は，近年かなりの歩み寄りをみせているのです。

図表2－2　会社法と金融商品取引法のもとでの会計情報の関係性

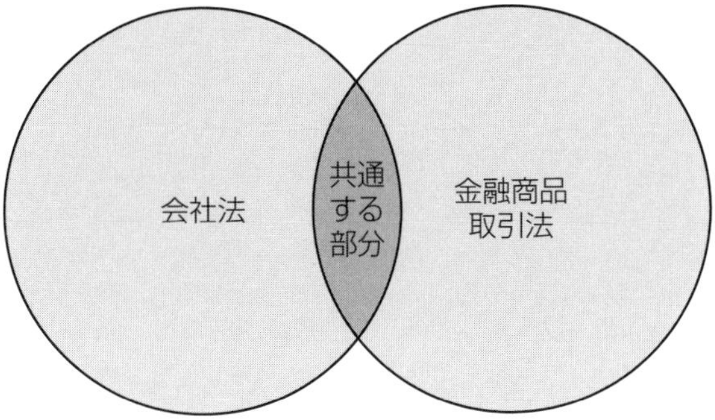

(4) 法人税法

毎年，確定申告とよばれる作業を行っている人にとっては，比較的なじみのある法律かもしれません（個人の場合は所得税法となります）。**法人税法**は，企業の各事業年度の利益をベースとして計算された課税対象となる所得の金額（課税所得とよばれます）に対して課税するための法律です。

課税所得の計算方法はかなり複雑ですが，法人税法ではそのやり方についてこと細かく規定をしています。企業が支払う法人税は，当然のことながら企業業績にも影響を与えますので，先に述べた会社法，金商法と同様に企業会計に大きなインパクトを与える法律でしょう。ちなみに，法人税法にもとづいて行われる会計は，**税務会計**または**法人税法会計**とよばれています。

企業の業績に直接影響する会計処理を規定するのは，会社法と金商法による会計処理ですが，法人税法も企業の会計処理に大きな影響を及ぼします。つまり，企業会計を左右する法律は，3つ存在すると思ってください。この状況をとらえて，「**企業会計をめぐる3つの法律のトライアングル体制**」というよび方をすることもあります。

(5) 自発的なディスクロージャー

ここまでのところで，企業会計を規制する法律にもとづくディスクロージャー（制度会計）について述べてきました。ただ，企業（経営者）が，自らの判断で経営を進めていくうえで必要な会計情報を作成することは自由です。

制度会計の枠内に収まらなくても，自社の特徴などに合わせた会計システムを構築して，そこから得られる会計情報を重要な経営判断に活かしていくことは，もちろん可能です。

いわば，各企業がそれぞれに自由なやり方で会計情報を作成し，それを外部の利害関係者に対して開示することに対して，大きな規制はないわけです。これを，自発的ディスクロージャーとよんでいます。

インベスター・リレイションズ（Investor Relations）という言葉を聞いたことはあるでしょうか。省略して**IR**とよばれています。日本語では「**投資家向け広報**」とよばれています。一般向けの広報はPR（Public Relations），また顧客向けの広報はCR（Customer Relations）などとよばれていますが，要は，対象を投資家などに限定した自発的な広報です。

先にお話しした制度会計では，厳密なルールに則ってディスクロージャーが行われます。たとえば，一般に販売されている食品に「特定保健用食品」あるいは「機能性表示食品」などと表示されているものを見かけますが，これらは健康状態の維持や向上に役立つ効果がある，と確認されるなどの特定の条件を満たしてはじめて表示できる商品です。

これに対して，IRではそのような厳格な規制は基本的にはありません。企業独自のルールにしたがって，外部の利害関係者に対して開示したい会計情報を自由に選ぶことができます。企業戦略や顧客に対する姿勢などをアピールする会計情報を法規制にとらわれない形で外部の利害関係者に対して開示することができるのです。

「これを飲めば爽やかな気分になれます」，「気分が落ち込んでいるときでも解消できます」などの表現ができると思ってください。ただ，基本として自由なディスクロージャーであっても，開示される会計情報の作成の根本は，もちろん崩してはいけません。誤った会計情報のディスクロージャーは，IRなどの自発的開示でも許されないのです。

3　会計情報のディスクロージャー方法

(1)　会社法にもとづいたディスクロージャーのツール

本節では，実際に企業がどのようなツールを用いてディスクロージャーを行っているかをみていくことにしましょう。まずは，会社法にもとづいたディスクロージャーです。

会社法のもとで開示される会計情報に関する書類は，「**計算書類**」とよばれています。「会社法施行規則」，「会社計算規則」などで規定されています。現在，会社法で規定されているのは，「貸借対照表」，「損益計算書」，「株主資本等変動計算書」，「個別注記表」です。それぞれの計算書の詳しい情報内容については，次章以降でみていくことになりますが，先に述べた金商法との歩み寄りの観点でみると，従来は会社法のもとでは開示されなかった企業グループの「連結計算書類」が外部に示されることになったことなどが指摘できるでしょう。

具体的に述べますと，上場会社などが作成する**有価証券報告書**（金商法にもとづく書類です）を提出する義務がある会社は，連結計算書類（連結貸借対照表，連結損益計算書，連結株主資本等変動計算書，連結注記表）という，単一の会社ではなく，グループ全体の書類を作成しなくてはならないのです。

(2)　金融商品取引法にもとづいたディスクロージャーのツール

上述の会社法の規定が適用されるのはすべての会社ですが，金商法が適用されるのは，上場会社，１億円以上の有価証券を発行するために届出をする会社，株主数が500人以上の会社などの一部の会社です。

金商法の趣旨を紹介しましょう。第１条で，このような規定があります。少し長いのですが引用します。「有価証券の発行及び金融商品等の取引等を公正にし，有価証券の流通を円滑にするほか，資本市場の機能の十全な発揮による金融商品等の公正な価格形成等を図り，もって国民経済の健全な発展及び投資者の保護に資することを目的とする」と規定されています。

なかなか難しいですが，重要なキーワードだけ整理しましょう。「取引等の公正」,「公正な価格形成」,「投資者保護」，これだけは覚えておくとよいでしょう。

金商法のもとでは，次のような書類の作成と開示が求められています（「金融商品取引法施行令」,「連結財務諸表の用語，様式及び作成方法に関する規則」,「財務諸表等の用語，様式及び作成方法に関する規則」,「企業内容等の開示に関する内閣府令」)。

開示される会計情報は，次のようなものです。まず，有価証券を発行する企業が公募（総額1億円以上の有価証券を50名以上の者に対して募集あるいは売り出し）を行う場合には,「有価証券届出書」を提出することが求められます（金商法第4条)。会計情報が記載されるのは，主にこの届出書のなかの「経理の状況」というセクションです。なお，50名未満を対象とする場合は，私募とよばれます。個人の資金調達では，私募が多いかもしれません。

次に，有価証券を発行し，それが市場で流通している会社の場合です。「有価証券報告書」を内閣総理大臣（実務上は，金融庁）へ提出する必要があります。資本市場で有価証券が売買されている上場会社などの場合が当てはまりますが，投資家の意思決定のために役立つ情報を継続して開示することを求められています。具体的には，証券取引所に上場している会社および有価証券届出書の提出会社，ならびに資本金が5億円以上ないしは株主が500名以上の会社が対象となるでしょう。

決算期末後の3カ月以内に有価証券報告書を提出しなければなりません。この報告書には，企業の概況，事業の状況，設備の状況，経理の状況など，かなりのボリュームの情報が盛り込まれています。会計情報を主に利用する場合には，経理の状況のセクションのなかの財務諸表をまずみることになるでしょう。

もし皆さんが，この有価証券報告書を利用したいと思った場合は，金融庁が運営している**EDINET**（Electronic Disclosure for Investors' NETwork；エディネットとよんでいます）をウェブサイトで閲覧してください。上場企業であれば，網羅的に会計情報などをみることができ，企業分析に役立つでしょう。いつでも誰でも閲覧することができます。企業によっては，自社のウェブサイトの財務情報のページで有価証券報告書を開示しています。

開示されている会計情報は，次のとおりです。有価証券届出書と同じように，経理の状況というセクションに各種の会計情報が記載されています。

具体的には，「連結貸借対照表」，「連結損益計算書」，「連結包括利益計算書」あるいは「連結損益及び包括利益計算書」，「連結株主資本等変動計算書」，「連結キャッシュ・フロー計算書」です。なお，連結に加えて，個別の一社単位（親会社）の財務諸表も開示されています。

Exercise 2－1 ◆あなたは，サークルなどの組織で会計責任者の立場にあります。ところが，「制度会計」のルールはありません。さて，あなたは会計責任を遂行するために，どのようなルールをつくったらよいでしょうか。

Exercise 2－2 ◆Exercise 2－1に続く質問です。ルールは確立できました。さらに，信頼を高めるために参加者に対して自発的なディスクロージャーをしたいと思った場合，あなたはどのようなディスクロージャーを行うのが効果的でしょうか。

Column コラム

利益とは何か　— 会社の歴史から考える —（後）

ルネサンスの後，近世になると，地中海貿易の恩恵を得られなかったポルトガルやスペイン，そしてオランダやイギリスといった国々が地中海を通らない新航路を探して大航海に出ていきます。いわゆる大航海時代です。世界史で勉強したようにコロンブスは大西洋を西に進んでインド・アジアに到達しようとして，アメリカ大陸（正しくは西インド諸島）を発見したわけです。初期のポルトガルやスペインの冒険航海は貿易事業というよりも探検開拓だったわけですが，会社の仕組みとしては引き続き一航海一会社の当座会社でした。王侯貴族が商人から集めた元手で冒険家を大航海に向かわせましたが，多くは失敗に終わりました。しかし，航路や交易先が安定をし，植民地経営なども進んでくると，航海ごとの資金集めや清算は非効率となり，同じ船で何度も繰り返し航海したり，複数の交易先と行き来したりする多くの貿易航海群をとりまとめて運営する仕組みができてきました。一航海ごとに設立・清算する当座企業との対比で，事業を継続的に行う継続会社が生まれてきたのです。

その先駆けが，1602年に設立されたオランダの東インド会社です。東インド会社は世界初の株式会社ともいわれ，会社の仕組みや会計の役割という観点から非常に大きな意味があります。複数の航海を継続的に行うためには，巨額の資金が必要になります。ポルトガルやスペインなど王侯貴族が力をもっていた国に比べて，オランダは商人の国家でした。そこで，たくさんの商人仲間が元手を持ち寄り巨大な会社を結成したのが東インド会社です。後には，元手の権利が株式という形で証券取引所において取引されるようになり，一般市民でも株主になることができました。巨額の元手を不特定多数から集めて事業を継続的に運営する会社の仕組みとして株式会社の原型が誕生したといわれています。

さて，オランダ東インド会社では，不特定多数の株主が事業成果の分け前を要求します。しかし，当座会社ではないので清算する機会はないため，事業が継続している間はお金の増加で利益を計算できません。そこで，定期的に利益を計算する期間を人為的に定め，その期間内の会社の財産の純額の増加を利益として計算する仕組みが考え出されました。このような利益の考え方を**期間利益**といいます。財産の純額については単純に説明することは難しいですが，イメージとしては，仮に会計期間の終了時点で会社をすべて清算した場合に，株主が受け取ることができる金額を理論的に計算した会社の価値を表していると考えてみてください。

仲間うちで作られた会社では，お金の増減で利益を計算し仲間うちで分配することが会計の役割でした。しかし，不特定多数の株主が株式を取引できることによって，会計の役割も大きく変わりました。株主に分け前の情報を提供するだけでなく，株主が株を売るか，投資家が株を買うかの判断のためにも期間利益の情報が役に立つのです。そのため，仲間うちだけで共有されていた利益の情報は，一般に公表されるようになったのです。

その後，産業革命や資本主義の発展に対応して，財産の純額の計算方法はより精緻化され複雑になってきましたが，現在に至るまで期間利益の考え方と一般に利益情報を公表する会計の役割は引き継がれています。本コラム前編（p.11）で紹介した，２兆円の正体はもうわかりましたね。2019年３月期とは，2019年３月を最終月とする１年間の会計期間を表しますから，2018年４月から2019年３月の１年間を会計期間とするトヨタ自動車の財産の純額が２兆円増加した，という情報を広く公表しているわけでした。

皆さんはこれから，本書で会計に関していろいろと勉強することになると思います。そのとき，表面的な数字や計算方法だけにとらわれることなく，その背景にある歴史的な経緯や考え方まで学ぶことができれば，より深く会計を理解することができるのではないでしょうか。

貸借対照表の構造と情報内容

1 貸借対照表の概要

貸借対照表（たいしゃくたいしょうひょう）は，企業の一定時点（期末時点，決算日）の財政状態を表示する財務諸表（ざいむしょひょう）です。

貸借対照表の**貸方**（かしかた）**（右）**側は，企業の資金の**調達源泉**（企業が資金をどのような方法で集めたのか，負債（ふさい）か純資産（じゅんしさん）か）を表し，**借方**（かりかた）**（左）**側は，その集めた資金の**運用形態**（企業が集めた資金を使ってどのような資産を取得したか）を表します。この貸方の合計金額と借方の合計金額は常に一致し釣り合います。そこで，ビジネスの現場では，貸借対照表を**バランスシート（Balance Sheet）**，略して**ビーエス（B/S）**とよびます**（図表３－１）**。

図表３－１ バランスシート（B/S）

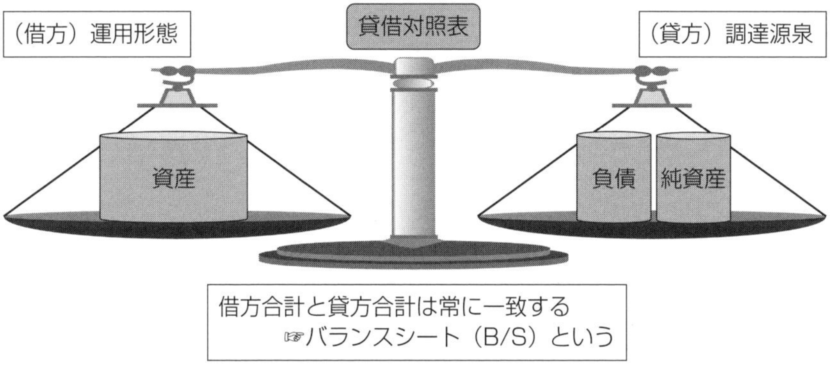

貸借対照表の借方（資産）合計と貸方（負債・純資産）合計が常に一致することを**貸借一致の原則（Dual-Aspect Concept）**といい，この「**資産（合計）＝**

負債（合計）＋純資産（合計）」の関係を，**貸借対照表等式**とよぶことがあります。

資産＝負債＋純資産

財務諸表を用いた分析では，貸借対照表単独では主に安全性（現金の支払い能力など）を，また，たとえば損益計算書の売上高と併せて用いることで資本利用の効率性（企業が資本をどの程度効率的に活用しているか）などをみることに使われます。

2　負債と純資産

会社の資金調達の方法は，銀行から借金をするなどの負債による方法と，会社の割合的な持分である株式を発行して株主を募る方法に大別することができます（**図表３－２**）。

前者の負債（企業が過去の事象の結果として経済的資源を移転する現在の義務）により調達された資金は，契約で定められた一定の期限（返済期限）にその資金の出し手である債権者（さいけんしゃ）に返済されなければなりません。また，会社は契約で定められた条件により，一般に債権者に対して利子を支払う義務を負います。なお，債権者の関心は，貸し出した資金を回収できるかどうかのみであり，原則として会社経営に参加することはありません。

他方で，後者の株式を発行して株主から調達された資金（および会社の利益のうち配当せずに留保された資金）は，返済義務がなく，また利子を支払う義務もありません。

会社の発行した株式の所有者のことを**株主**（かぶぬし）といい，株主は会社の実質的な所有者として株主総会で議決権を行使するなどの方法により会社経営に参加することになります。たとえば，株主は株主総会で会社の経営者（取締役（とりしまりやく）等）を選解任することができます。また，会社が稼いだ利益は（法令の定めにしたがい株主総会または取締役会の決議により）配当として株主に分配されることになります。

図表３－２　負債と純資産（株主資本）の比較

	返済義務	利子の支払義務	資金の出し手	資金の出し手の会社経営への参加	法人税との関係
負債	あり	一般にあり	債権者	原則としてなし	支払利子は法人税の負担減につながる（原則として損金算入可）
純資産（資本）	なし	なし	株主（会社の所有者）	株主として株主総会で議決権を行使。会社の利益は「配当」として株主に分配。	配当の支払いは法人税の負担減にならない（損金算入不可）

※初学者向けに一般的な場合を簡略化して整理。権利義務関係は民法，商法，会社法，法人税法等の法令で規定されています。

貸借対照表のうち，資金の調達源泉をあらわす貸方側のなかで，資本構成（負債と純資産（資本）の構成割合）のバランスをみることにより，企業の財務体質の善し悪しそのものを把握することができます。負債による資金調達は，返済期限等の条件が厳格であるため，リスクの高いビジネスには不向きであり，一般的には，返済義務のない純資産の割合が大きいほうが安定した経営を行うことができます。そこで，安全性の観点からは，バランスシート全体の大きさである負債・純資産合計のうち，純資産（資本）の占める割合が大きいほどよい（安全性が高い）といえます**（図表３－３）**。

図表３－３　貸借対照表の借方と貸方

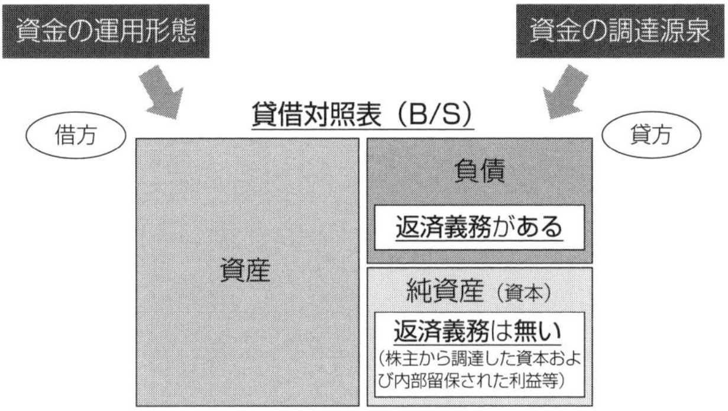

なお，会社が負債による資金調達で支払う利子は法人税の負担減少につながる一方，株主への配当の支払いは法人税の負担減少につながらないという違いがあります。そこで，法人税という租税負担面だけを比較すると負債による資金調達のほうが有利な反面，過度に負債が多く純資産が少なすぎると倒産するリスクが高まることから，会社にとって**最適な資本構成の決定**は重要といえます。２つの資金調達方法の比較について，図表３－２を参照してください。

3　貸借対照表のひな型

わが国の企業実務では，貸借対照表のひな型として，一般社団法人 日本経済団体連合会が公表する経団連ひな型が大企業から中小企業まで幅広く利用されています（**図表３－４**）。

図表３－４　貸借対照表のひな型（経団連ひな型）

貸借対照表
（平成○年○月○日現在）

（単位：百万円）

科　目	金　額	科　目	金　額
（資産の部）		（負債の部）	
流動資産	×××	流動負債	×××
現金及び預金	×××	支払手形	×××
受取手形	×××	買掛金	×××
売掛金	×××	短期借入金	×××
有価証券	×××	リース債務	×××
商品及び製品	×××	未払金	×××
仕掛品	×××	未払費用	×××
原材料及び貯蔵品	×××	未払法人税等	×××
前払費用	×××	前受金	×××
繰延税金資産	×××	預り金	×××
その他	×××	前受収益	×××
貸倒引当金	△×××	○○引当金	×××
固定資産	×××	その他	×××

有形固定資産	×××	固定負債	×××
建物	×××	社債	×××
構築物	×××	長期借入金	×××
機械装置	×××	リース債務	×××
車両運搬具	×××	○○引当金	×××
工具器具備品	×××	その他	×××
土地	×××	負債合計	×××
リース資産	×××	（純資産の部）	
建設仮勘定	×××	株主資本	×××
その他	×××	資本金	×××
無形固定資産	×××	資本剰余金	×××
ソフトウェア	×××	資本準備金	×××
リース資産	×××	その他資本剰余金	×××
のれん	×××	利益剰余金	×××
その他	×××	利益準備金	×××
投資その他の資産	×××	その他利益剰余金	×××
投資有価証券	×××	○○積立金	×××
関係会社株式	×××	繰越利益剰余金	×××
長期貸付金	×××	自己株式	△×××
繰延税金資産	×××	評価・換算差額等	×××
その他	×××	その他有価証券評価差額金	×××
貸倒引当金	△×××	繰延ヘッジ損益	×××
繰延資産	×××	土地再評価差額金	×××
社債発行費	×××	新株予約権	×××
		純資産合計	×××
資産合計	×××	負債・純資産合計	×××

（出所）　一般社団法人 日本経済団体連合会「会社法施行規則及び会社計算規則による株式会社の各種書類のひな型（改訂版）」（2016年３月９日）45頁。

4　貸借対照表の区分

資産は，**流動資産**，**固定資産**，**繰延資産**に区分して，負債は，**流動負債**と**固定負債**に，純資産は，**株主資本**，**評価・換算差額等**，**新株予約権**にそれぞれ区分して表示されます。

このうち，資産と負債は，原則として，流動性の高い項目の順に表示される**流動性配列法**が用いられており，資産は換金性の高い順に表示され，負債は返済期限の近い順に表示されることになります。

ただし，資産のほとんどが有形固定資産である電力会社，ガス会社などの一部の業種では，資産につき固定資産，流動資産の順で表示し，負債につき，固定負債，流動資産の順で表示をする固定性配列法が伝統的に用いられています。

5　流動資産と固定資産

資産（企業が過去の事象の結果として支配している現在の経済的資源）は，その流動性に応じて流動資産と固定資産に分類されます。流動資産と固定資産の分類には，主たる基準として**正常営業循環基準**と，補足的な基準として**1年基準**（**ワン・イヤー・ルール**）の2つの基準があります。

正常営業循環基準とは，企業の主目的たる営業取引により発生した正常な営業循環過程にある資産を流動資産として分類する基準で，具体的には，たな卸資産（商品・製品，半製品，原材料，仕掛品，貯蔵品など）と，その販売等により取得された売上債権（受取手形，電子記録債権，売掛金など），現金および預金は，原則として流動資産に分類・表示されます（**図表3－5**）。

正常営業循環基準の適用外の資産については，1年基準が適用され，貸借対照表の作成日（決算日）の翌日から起算して1年以内に現金化される資産を流動資産とし，1年をこえて現金化される資産を固定資産として分類・表示をします。

たとえば，建設業者が資材を運送する目的で有しているトラックは固定資産

（車両運搬具）ですが，自動車販売店や自動車メーカーが顧客に販売する目的で有しているトラックは，たな卸資産（商品・製品）ですから流動資産になります。

また，高級宝飾店が顧客に販売する目的で仕入れた商品は，たな卸資産（商品）ですから，仮に数年前に仕入れた商品（恒常在庫品）であったとしても流動資産に分類されます。建設業者が数年かけて建設する高層ビルなども，販売目的で製造（建設）するたな卸資産ですから，その原材料や製造中の仕掛品（未成工事支出金）を含め，流動資産に分類されます。つまり，正常営業循環基準が適用されるたな卸資産や売上債権は，保有期間や回収期間にかかわりなく（たとえ1年をこえるものであったとしても），原則として流動資産に分類・表示されることになります。

図表3－5　流動資産の一例

主な勘定科目名	概　　要
現金および預金	現金，当座預金，普通預金等の合計額
受取手形	債権（代金を受け取ることのできる権利）のうち，手形（約束手形，為替手形）を受け取っているもの。
売掛金（うりかけきん）	企業の主目的たる営業取引（商品および製品の販売等）から生じた債権（代金を受け取ることのできる権利）のうち，手形のないもの。
有価証券	余剰資金を短期的に運用する目的で取得した株式等（売買目的有価証券）。
商品および製品	企業の主目的たる営業取引として販売目的で保有されている商品（他社から仕入れた完成品）および製品（自社製造の完成品）。
仕掛品（しかかりひん）	決算日時点で製造過程にある未完成品（作りかけの製品）で，市場で販売することのできないもの。（なお，市場で販売することのできる未完成品は「半製品」という）
原材料および貯蔵品	原材料は，製品の製造目的で調達された原材料のうち，未使用のもの。貯蔵品は，販売等で必要とされる未使用の切手や収入印紙，消耗品，包装荷造資材等。
前払費用（まえばらいひよう）	一定の契約にしたがい継続して役務の提供を受ける場合で，未提供の役務に対して当期に前もって支払われた対価（次期以降の費用となる）。たとえば，前払保険料や前払家賃等。

現金および預金は原則として流動資産になりますが，定期預金については，貸借対照表日の翌日から起算して1年以内に満期が到来するものは流動資産となり，1年をこえて満期が到来するものは固定資産（投資その他の資産）になります。

なお，有価証券については別途基準（金融商品に関する会計基準）にしたがい分類し，また残存耐用年数が1年以内となった有形固定資産は固定資産のまま表示することとされています。

6　固定資産の区分

固定資産は，企業が長期にわたり保有することを目的に取得した資産で，**有形固定資産**（ゆうけいこていしさん），**無形固定資産**（むけいこていしさん），**投資その他の資産**の3種類に分類されます。

有形（Tangible）とは一般に価値のある資産そのものを手で触れることができる（物理的に接触可能）という意味で，有形固定資産は物理的形状のある固定資産ということになります。有形固定資産には，土地，建物（建物附属設備を含む），構築物（建物等以外で土地に定着した建造物，土木設備，工作物のことで，たとえば，塀，煙突，貯蔵用タンク，屋外広告塔等），機械装置，車両運搬具などが含まれます。

無形固定資産には，法律上の権利である特許権，実用新案権，意匠権（いしょうけん），商標権（しょうひょうけん），借地権（しゃくちけん）等の権利と，ソフトウェア，のれん（他社をその純資産をこえる価額で買収した場合の差額）などが含まれます。

投資その他の資産には，投資有価証券，関係会社株式（子会社株式，関連会社株式）などの長期保有目的，他社の支配目的等の株式や，長期貸付金などが含まれます。

7　繰延資産

貸借対照表上の資産の部に計上される**繰延資産**（くりのべしさん）は，すでに発生した特定の費用のうち，その効果が及ぶ将来の期間の収益に合理的に対応（費用配分）させ適正な期間損益計算を行うことができるようにするため会計上で経過的に資産計上されるものをいいます。

繰延資産とは，すでに代価の支払いが完了しまたは支払義務が確定し，これに対応する役務の提供を受けたにもかかわらず，その効果が将来にわたって発現するものと期待される費用のことをいい，創立費，開業費，開発費，株式交付費，社債発行費等が含まれます。繰延資産は，あくまでも会計上で資産として扱われているにすぎず，換金性はありません。

また，貸借対照表上に繰延資産がまったく存在しない会社もあります。

8　流動負債と固定負債

負債についても，**流動負債**と**固定負債**に分類されます。流動負債と固定負債の分類には，資産の場合と同様，主たる基準として正常営業循環基準（企業の主目的たる営業取引により発生した正常な営業循環過程にある負債を流動負債として分類），補足的な基準として１年基準（ワン・イヤー・ルール）が適用されます。

たな卸資産の仕入れに伴い生じた仕入債務（支払手形，電子記録債務，買掛金など）は，正常営業循環基準の適用により原則として流動負債に分類・表示されます。そこで，販売目的の商品を仕入れるために振り出した支払手形や，製品を生産するために必要な原材料を仕入れるために振り出した支払手形は，（支払期限にかかわらず）流動負債に分類されます（**図表３－６**）。

他方で，工場で使用する機械などの（販売目的ではない）有形固定資産の取得に伴い振り出された支払手形は，仕入債務ではなく正常営業循環基準は適用されないことから，１年基準が適用されることになります。すなわち，貸借対照表日（決算日）の翌日から起算して１年以内に支払期限が到来する負債は流動負債に，１年をこえて支払期限が到来する負債は固定負債に属することになります。

また，銀行からの**借入金**は，貸借対照表日の翌日から起算して１年以内に返済期限が到来するものは流動負債となり，１年をこえて期限が到来するものは固定負債になります。

図表３－６ 流動負債の一例

主な勘定科目名	概　　要
支払手形	債務（支払義務）のうち，手形上の支払義務があるもの（約束手形の振出，為替手形の引受等）
買掛金	企業の主目的たる営業取引（商品等の仕入取引）から生じた仕入債務（代金を支払う義務）のうち，手形を伴わないもの
短期借入金	借入金のうち１年以内に返済期限が到来するもの
リース債務	ファイナンス・リース取引で借手側に生じる負債のうち，１年以内に支払期限が到来するもの（１年をこえて期限が到来するものは固定負債となります）
未払金	特定の契約等によりすでに確定している債務のうち，いまだその支払いを終えていないもの。たとえば，固定資産や消耗品等を後払いで購入した場合。
未払費用	一定の契約にしたがい継続して役務の提供を受ける場合で，すでに提供を受けた役務に対していまだその対価の支払いを終えていないもの（当期の費用となる）。たとえば，未払利息，未払家賃等。
未払法人税等	納付すべき法人税，住民税および事業税の未払額
前受金	企業の主目的たる営業取引の代金（一部または全部）を前もって受け取った場合（翌期以降の収益となる）。たとえば，未出荷の商品代金を前受した場合等。
預り金	第三者への支払義務または返済義務のある一時的に預かった金額。たとえば，従業員の源泉所得税等。
前受収益	一定の契約にしたがい継続して役務の提供を行う場合で，未提供の役務に対して当期に前もって支払いを受けた対価（次期以降の収益となる）。たとえば，前受家賃等。

9　企業の短期的な支払能力と長期的な安全性

企業の資金調達源泉を表す貸方側に加え，その運用形態である借方側の構成とのバランスをみることで，企業の実態について理解を深めることができます。

資産と負債のうち，短期の流動資産と流動負債を比較することで，企業の短期的な支払能力を把握することができます。流動負債は，買掛金など，企業の主目的である営業取引から発生した負債や，短期借入金など1年以内に支払期限が到来する，いわば1年先までに現金が必要となる負債が含まれます。これに対応する流動資産は，現金預金や売掛金，受取手形など，現金と企業の主目的である営業取引から発生した資産（売上債権とたな卸資産），1年以内に現金化が予定されている資産が含まれます。

流動負債を返済するうえで十分な流動資産が企業により確保されているかどうか，すなわち，流動負債を上回る十分な流動資産があるかどうかをみることで，企業の短期的な支払能力を評価することができます（**図表3－7**）。

ただし，たな卸資産は，顧客に販売されて現金とならない限り，負債の返済手段として役に立ちません。とくに小売業等の業種では，シーズンを逃してしまった古いタイプの商品や見込み違いで仕入れてしまった商品（滞留在庫）が，たな卸資産として流動資産に含まれている場合があります（上場企業などの財務諸表は，たな卸資産の評価につき滞留しているものがないかどうかなどをチェックする体制があります。しかし，中小企業のなかには，陳腐化した商品であっても仕入時の原価のままとし，評価の見直しを適切に行っていないというケースもあります）。たな卸資産のなかに滞留在庫が含まれている場合，流動資産は見かけ上で十分あったとしても，安全性をみるうえであてにならないばかりか，むしろ，たな卸資産の急増は企業にとって危険信号という場合もあります。

たな卸資産を除く流動資産を当座資産といい，この当座資産と流動負債を比較する（流動負債を上回る当座資産があるかどうかをみる）ことで，より慎重に企業の短期的な支払能力を評価することができます。

企業の短期的な支払能力の観点からは，流動資産・当座資産は（流動負債よりも）大きければ大きいほどよいということができます。もっとも，不必要に多くの現金預金を保有することは資本の効率性を害することになります。また，年次の貸借対照表を用いた分析では大雑把に傾向を把握することはできても正確に資金の動きを管理することはできません。そこで，企業内では月次で**資金繰表**等を作成することで資金がどれだけ過不足するかを適時に把握するなど，資金の不足分の調達と余裕資金の運用等の管理を行っています。

図表3－7　短期的な支払能力（安全性）の評価

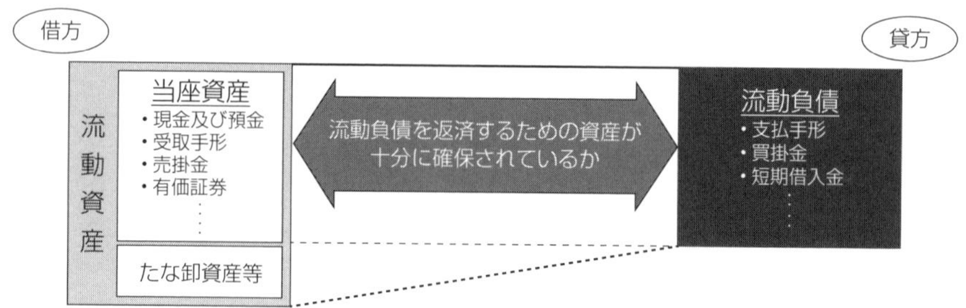

また，企業による土地や建物といった固定資産への投資は，長い期間にわたって資金を拘束し徐々に（その資産を使用すること等を通じて）回収されることになります。そこで，この固定資産への投資は，長期的な安全性の観点からは，返済の必要がなく長期的なリスクに耐えうる株主資本でまかなわれていることが理想的です。または，負債による資金調達を用いる場合であっても，社債や長期借入金などの固定負債によるべきであり，短期的に返済期限が到来する流動負債に頼るべきではありません。そこで，企業の長期的な安全性の観点からは，株主資本と固定負債の合計額が固定資産よりも大きい状態，すなわち，企業による固定資産への投資は株主資本と固定負債でまかなわれている状態が適切といえます（図表3－8）。

図表3－8　固定資産投資のための資金の調達源泉

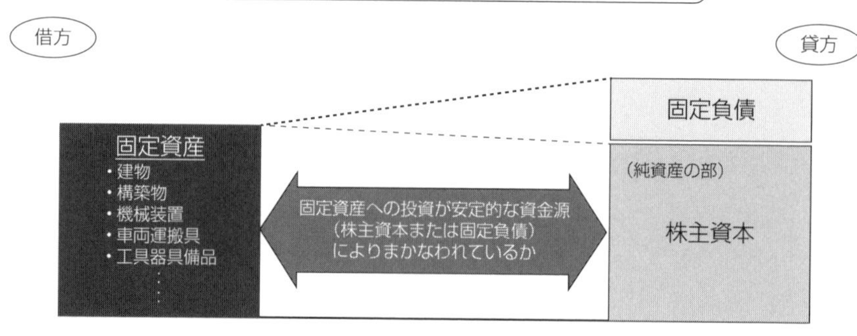

10　資産の評価

企業が保有する資産について貸借対照表で計上される価額は，伝統的に（戦後の長い間），その資産の取得時に支出した金額である**取得原価（コスト）**を基礎として用いることが原則とされてきました。これは，取得原価が外部との取引により実際に成立した価額であり客観性が高く，また契約書や領収書等の証票を通じて容易に検証可能なことから，財務会計の目的となじむためです。

また，貸借対照表で取得原価を用いることは，損益計算書における収益の認識基準である**実現原則（実現主義）の考え方**（第4章p.54参照）とも首尾一貫します。他方で，時価（市場価格等の公正な評価額）の算定は，資産の種類によっては困難を伴う場合もあり，本当にその金額で売ることができるのか不確実性を伴います。そこで，資産の保有中は取得原価を用い続け，実際に売れたときにまとめて利益を認識することは，企業にとっての負担軽減と財務諸表への信頼を高めることにもつながります。

しかし，取得原価を用いることのデメリットとして，貸借対照表で計上される価額が時価から著しく乖離してしまう場合もあります。また，企業が保有する資産のなかには，たとえば余剰資金の運用目的で保有されている一定の金融資産などのように，相場が上昇したならば容易に売却してもうけることのできる資産もあります。財務諸表の利用者にとって，このような目的で保有されている資産については，取得原価よりも時価（売却したならばいくらで売れるのか）の情報のほうが役に立ちます。

そこで，現在では，流動資産に計上される売買目的有価証券を中心に**時価**で評価される資産もあります。

なお，企業がそもそも売却を予定していない事業用資産（有形固定資産）については，時価で売却したならば…という仮定は現実的でなく（売却したならば事業の存続に多大な影響が生じる），財務諸表利用者の誤解を招くことにつながりかねませんので，原則として取得原価を用いることになります。

11　貸倒引当金

受取手形や売掛金などの金銭債権（代金を受け取ることのできる権利）は，顧客や取引先の倒産等により回収不能（貸倒れ）となることがあります。そこで，企業は決算日に将来の回収不能額を見積り，**貸倒引当金**として貸借対照表上で資産から控除（マイナス）して表示をします。これにより，受取手形や売掛金などの資産は，貸借対照表上，将来の現金回収可能額で計上されることになります。

12　減価償却

建物や機械，車両といった時の経過または利用に伴い価値が減価する事業用資産（一定の有形固定資産）の取得原価は，その耐用年数にわたり各年の損益計算書上で徐々に費用化されるとともに，その費用化された分だけ貸借対照表での計上額である**簿価（帳簿価額；Book Value, Carrying Amount）**は徐々に減算されることになります。

事業用資産は，事業活動に用いられることで企業の利益獲得活動に貢献しています。そこで，これらの事業用資産の取得原価は，各年の損益計算書上で収益と対応させて規則的に費用認識する（費用化する）ことで，各年の損益計算書上の利益を正しく計算することができるようになります。この各年の適正な期間損益計算を目的に，取得原価をその耐用年数にわたって費用配分することを**減価償却**（げんかしょうきゃく）**(Depreciation)** といいます。

このように，事業に用いられ，減価償却される有形固定資産は，将来的に費用化されることから，企業の視点で，将来の費用の塊としてとらえることもできます。そこで，将来的に損益計算書を通じて費用化される資産のことを**費用性資産**といいます。

決算日時点で，すでに減価償却された合計金額を**減価償却累計額**（げんかしょうきゃくるいけいがく）**(Accumulated Depreciation)** といい，取得原価から減価償却累計額を控除した残額（未償却残高）が，貸借対照表での計上額（簿価）となります。

減価償却費の計算方法には，期間を基準に配分する定額法，定率法，級数法と，資産の利用量（生産高）を基準に配分する生産高比例法があります（**図表3－9**）。なお，企業会計では，その処理の原則および手続きを毎期継続して適用し，みだりにこれを変更してはならないこととされています。

図表3－9　減価償却費の計算方法の種類（主なもの）

減価償却計算の方法	概　　要
定額法	資産の耐用年数にわたり，毎期一定額を減価償却費として費用化する（簿価を減算する）方法。各期の減価償却費は一定。
定率法	未償却残高に毎期一定の償却率を乗じて減価償却費を計算する方法。時の経過とともに各期の減価償却費は減少する。
級数法	資産の耐用年数にもとづく算術級数を用いて計算する方法。定率法の簡便法ともいわれ，時の経過とともに各期の減価償却費は減少する。
生産高比例法	資産の取得原価のうち，総生産可能量にしめる各期の実際の生産量の割合を減価償却費とする方法。あまり一般的ではないが，鉱山会社の鉱業用機械の一部などで用いられている。

定額法と定率法の比較（各期の減価償却費）

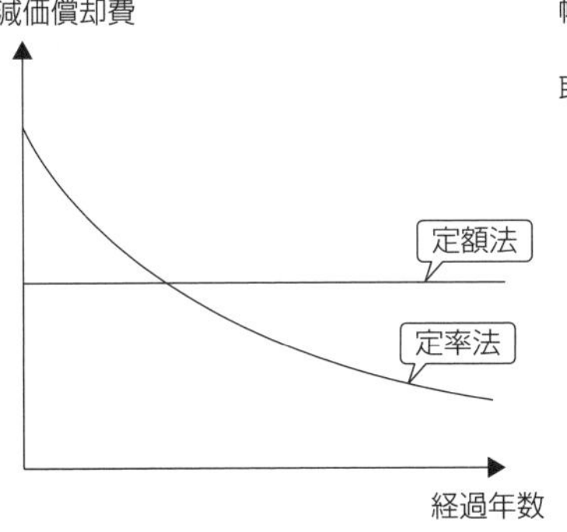

定額法と定率法の比較（各期末の帳簿価額の推移）

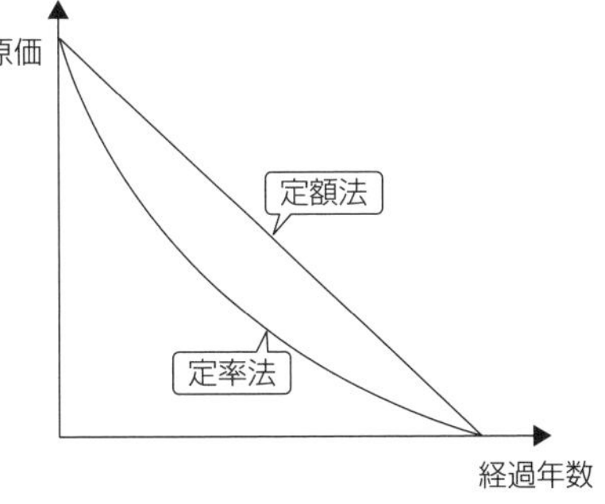

13　純資産の部

資産から負債を控除した差額を**純資産**(じゅんしさん)といいます。純資産は，貸借対照表上で，株主に帰属する会社持分である株主資本と，それ以外の項目（評価・換算差額等，新株予約権）に区分して表示されます**（図表3－10）**。

株主資本は，資本金，資本剰余金，利益剰余金，自己株式から構成されます。このうち資本金と資本剰余金は，基本的に，株主から会社に出資により払い込まれた払込資本によるものです。

利益剰余金は，会社が過去に稼いだ利益のうち，株主に配当されず会社に留保された留保利益とよばれるものです。

なお，資本剰余金のなかの**資本準備金**および利益剰余金のなかの**利益準備金**は，会社法等の規定にしたがい区分されることとなる項目**（法定準備金）**です。

資本金の大きさは会社の規模を表わすこととなるため，一般に資本金の大きい会社ほど対外的な信用力が高まると考えられています。そこで，株主からの出資により金銭が払い込まれた際には，その全額を資本金の額とすることが一般的です。しかし，たとえば資本金の額を基準とした中小法人の優遇税制の適用等をねらい，あえて資本金を小さくする企業実務も見受けられます。会社法では，出資額の２分の１を限度に，資本金とせず資本準備金に組み入れることが認められています。

また，会社は一般に利益剰余金の一部を（会社法による分配可能額まで）株主に配当することができますが，株主と会社債権者との間の利害調整（会社財産維持）の観点から，会社法では配当金額の10分の１を（資本準備金と利益準備金の合計額が資本金の４分の１に達するまで）資本準備金または利益準備金として積立てる（会社に留保する）こととしています。

自己株式(じこかぶしき)とは，会社が一度発行した自社株式を買い戻して取得したもので，**金庫株（Treasury Stock）**ともいいます。自己株式の取得は，株主資本の払戻しと同様の実質をもつため，株主資本から控除（減算）する形で表示をします。

評価・換算差額等は，一定の資産を時価評価する際に生ずる評価差額につき，（損益計算書で損益認識せず）直接，貸借対照表で計上される未実現損益のことです。評価・換算差額等の一例として，その他有価証券（売買目的有価証券，満期保有目的の債券，子会社株式及び関連会社株式以外の有価証券。たとえば，いわゆる持ち合い株等）の評価差額から生じるその他有価証券評価差額金があります。

新株予約権とは，その権利者が会社に対して予め定められた価格で株式の交付を受けることのできる権利です。権利者は，会社の株価が上昇した場合に，新株予約券を行使し株式を取得することで（時価と予め定められた価格の差額の）利益を得ることができます。新株予約権は，新株予約権付社債として資金調達に用いられるほか，ストック・オプションとして会社役員や従業員等に対する報酬の支払いとして用いられることもあります。現行の会社法では，新株予約権は純資産の部に計上することとされています。

図表3－10　純資産の部の構成

純資産	株主資本	資本金
		資本剰余金（資本準備金，その他資本剰余金）
		利益剰余金（利益準備金，その他利益剰余金）
		自己株式
	評価・換算差額等	その他有価証券評価差額金
		繰延ヘッジ損益
		土地再評価差額金
	新株予約権	

Exercise 3－1　◆下記の空欄を埋め文章を完成させてください。

1．貸借対照表の貸方は，資金の〔(ア)　　　　　　〕源泉を表わす。
2．貸借対照表の貸方のうち，返済義務のある資金の調達源泉を〔(イ)　　　　　　〕という。
3．貸借対照表で，資産と負債は，〔(ウ)　　　　　　〕基準または1年基準（ワン・イヤー・ルール）により，流動資産・流動負債と固定資産・固定負債に分類される。

4．貸借対照表に記載する資産の価額は，原則として，当該資産の〔(エ)　　　　　　〕を基礎として計上しなければならない。

5．たな卸資産を除く流動資産を〔(オ)　　　　　　〕資産という。

6．減価償却方法のうち，毎期一定額を費用化する方法を〔(カ)　　　　　　〕という。

解答

(ア)　調達　　(イ)　負債　　(ウ)　正常営業循環　　(エ)　取得原価

(オ)　当座　　(カ)　定額法

Exercise 3－2 ◆下記の貸借対照表の空欄を埋めてください。

貸借対照表

項　目	項　目
（資産の部）	（負債の部）
((ア)　　　　　　)	((ウ)　　　　　　)
現金及び預金	買掛金
売掛金	短期借入金
商品	未払法人税等
短期貸付金	その他
その他	((エ)　　　　　　)
貸倒引当金	長期借入金
((イ)　　　　　　)	その他
有形固定資産	負債合計
建物	（純資産の部）
土地	資本金
その他	資本剰余金
無形固定資産	利益剰余金
投資その他の資産	純資産合計
資産合計	負債・純資産合計

(ア)　流動資産　　(イ)　固定資産　　(ウ)　流動負債　　(エ)　固定負債

コラム

日本のパスポートと会計について

日本経済新聞（2019年12月13日，夕刊）の記事に「日本のパスポートは最強だ」，という記事がありました。次のような記事内容です。

> 日本のパスポートは「最強」，根拠は英国のコンサルタント会社「ヘンリー＆パートナーズ」が毎年公表している調査。199カ国・地域のパスポートを調べて，ビザ（査証）なしで訪れることができる国・地域の数をランキングしている。日本のパスポートは，2018年から２年連続で１位に輝いている（シンガポールも日本と並ぶ１位，３位は同位でドイツ，フィンランド，韓国，６位はイタリアである）。日本は，2019年10月時点で，190カ国・地域を「ビザなし」か「空港到着時のビザ申請」で訪問できる。
>
> ビザなしは信用の証である。ビザなしであれば，「あなたの国からの来訪者を歓迎しますよ」の姿勢を示すことであり，受け入れ国にとっては観光客が増え，自国経済にプラスの効果が期待できる。

ところが，「記者の目」のコラムを読むと，日本のパスポート所持率は，他の先進国よりも低いそうです。「最強」のパスポートをもつ日本人だが，所持率は約４分の１に過ぎず，主要７カ国（G7）でもっとも低いそうです。佐堀記者は，「日本のパスポートを見せるだけで歓迎してくれる人もいる。せっかくの『世界最強』だ。多くの人が恩恵を感じてほしい」とコメントしています。

企業会計などの会計の世界に照らしながら考察すると，日本の会計ルールは，国際基準に移行している企業も多いながらも，まだまだドメスティックな部分（地域特有の制度やルール）が多く残っています。「パスポート」の最強性と比較すると，何か遅れている印象を強く感じますが，皆さんはどのように感じるでしょうか。

会計の世界でも，企業活動と同様に，国際化が進展しています。**「国際財務報告基準」**（IFRS; International Financial Reporting Standards）について耳にしたことがあるかもしれません。IFRSは，**IASB（The International Accounting Standards Board，国際会計基準審議会）**が制定した会計基準です。

前身のIASC時代につくられた会計基準からの名残で，「**国際会計基準**」とよばれることもあります。米国，日本などの国では，ドメスティックな自国の会計基準を保持しながら，自国の基準とIFRSとの差異を縮小しようとする**「コンバージェンス」（収斂）**が進められてきました。EUがEU域内上場企業の連結財務諸表にIFRSの適用を義務づけ，域外上場企業にも「IFRS又はこれと同等の会計基準」の適用を義務づけたことを契機に，IFRSを自国の基準として採用する**「アドプション」（採用**，コンバージェンスによって会計基準の差異を解消するのではなく，自国の基準を捨ててIFRSを導入する動き）を表明する国が急速に増加しています。

損益計算書の構造と情報内容

1　損益計算書の概要

損益計算書(そんえきけいさんしょ)は，企業の一定期間の経営成績を表示する財務諸表です。貸借対照表が一定時点（決算日）の財政状態を表示するストックの概念であるのに対し，損益計算書は企業の一定期間（会計期間といい，一般的に決算日までの1年間）の事業活動の成果を示すフローの概念として把握されます。

損益計算書で表示される**損益**とは，黒字（つまりもうかった場合）の**利益**（Profit），または赤字の**損失**（Loss）のことであり，わが国では損益計算書を**ピーエル（P/L）**ともよびます。なお，アメリカでは，一般にIncome Statement（I/S）とよぶことが多いですが（ただし黒字企業の場合に限ります），Statement of Operations等の表現が用いられることもあります。

損益計算書では，企業の一定期間の損益（利益または損失）を計算するため，**収益**(しゅうえき)からこれに対応する**費用**(ひよう)を控除する（引き算する）形で企業の経営成績を表示します。なお，収益から費用を控除した結果，プラスの値が残った場合にはそれを**利益**といい，マイナスの値となった場合には**損失**といいます。

収益－費用＝損益（利益または損失）

収益は貸借対照表の純資産の増加原因，費用は貸借対照表の純資産の減少原因のことであり，その差額としての利益（純利益）は純資産の純増加額ということになります。

損益計算書は，企業の一定期間の経営成績を表示するものですから，その一定期間の適正な期間損益計算，たとえば前年度や前々年度といった過年度の会計期間と比較して評価をすることのできる正しい損益の計算が行われなければなりません。また，経営成績の評価には，最終的な利益の大きさのみならず，その原因についての情報も必要になります。そこで，企業は収益と費用をその発生源泉別に分類し，損益計算書では収益とそれに関連する（その収益の獲得に要した）費用を期間的に対応させて表示することになります。これを**費用収益対応の原則**（ひようしゅうえきたいおうのげんそく）といいます。

2　損益計算書の区分

損益計算書では，収益・費用・利益・損失について，発生頻度（毎期経常的に発生するのか，それとも臨時的に発生したのか）および企業活動との関係（営業活動によるものか，財務活動によるものか）を基準に区分し，段階的に損益を計算します（**図表４－１**）。

図表４－１　損益計算書の構造（報告式損益計算書）

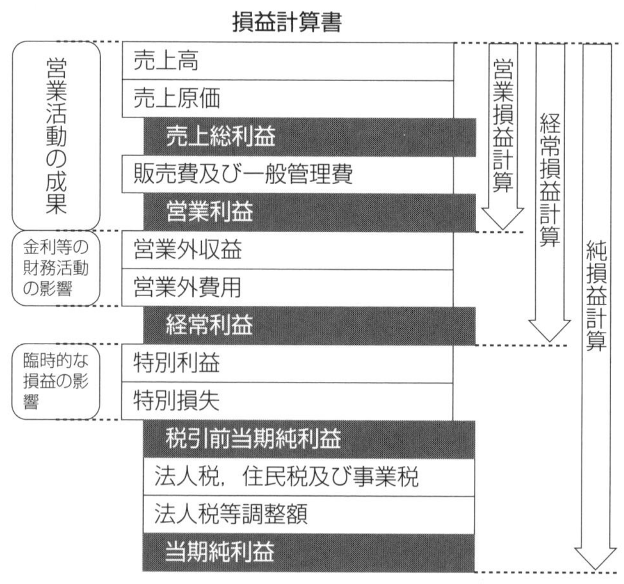

収益（Revenue）は，売上高，営業外収益，特別利益の３種類に大別されます。

売上高（Sales）は，企業の本業の営業活動（顧客への商品の販売や役務の提供等）により稼がれた収益であり，企業にとってもっとも重要かつ金額的にも最大の収益ということができます。

営業外収益は，（本業以外の）財務活動の成果として稼がれた収益であり，受取利息や受取配当金などが含まれます。

特別利益は，非経常的な臨時的に発生した利益のことであり，たとえば固定資産売却益などがあります。固定資産は，企業が営業活動等で利用することを目的に保有している資産であり売却を予定しているわけではないため（売却により企業活動が維持できなくなるおそれがあります），その売却からの利益は一般に特別利益になります。

このように，企業の収益には，本業である営業活動からの収益である売上高のほかに，受取利息等の財務活動からの収益や，固定資産売却益のような臨時的な収益もありますから，企業の経営成績を表示するにあたり，その発生源泉別に分類し適切に表示をする必要があります。収益は，損益計算書上で上のほうに表示される項目ほど（その企業の中核である本業に接近した）重要な項目であるということができます。

次に，費用（Expense）は，売上原価，販売費及び一般管理費，営業外費用，特別損失などに大別されますが，損益計算書上でこれらの費用を収益の各項目と対応させる形で段階的な損益を計算し表示することになります。

なお，売上高の控除（減算）項目である売上値引・返品・割戻は，売上高から控除することができますが，売上割引は金融上の費用（利息）としての性格を有することから，売上高から控除することはできません（営業外費用になります）。同様に，仕入の控除項目である仕入値引・返品・割戻は仕入高から控除することができますが，仕入割引は金融上の収益（利息）としての性格を有することから，仕入高から控除することはできません（営業外収益になります）。

3　総額主義の原則

損益計算書において収益とこれに対応する費用の各項目は，原則として相殺することなく総額で（つまり収益および費用を両建てで）表示することとされています。このように損益計算書に収益および費用を総額で記載することを要請する原則のことを，**総額主義の原則**（そうがくしゅぎ）といいます。これは，財務諸表の分析に際して，売上高と売上高に占める各費用の割合等の取引規模を正しく把握することで企業の営業活動の実態（企業が収益性の高い事業を行っているのか，また成長性など）を理解できるようにするためです。

なお，総額主義の原則には例外も認められており，たとえば有価証券の売買取引から発生する損益は，（その取引規模よりも結果としての損益が重要であることから）相殺後の純額で表示をします。これを**純額主義**といいます。為替差損益についても（為替差益となる取引と為替差損となる取引は，発生要因の異なる取引ではなく日々の為替相場の変動の結果として発生するものであるため，差益と差損を別々に総額で把握する意義は乏しいことから）純額で表示をします。また，固定資産の売却に伴う損益は，（その取引規模よりも結果としての損益が重要であることから）固定資産売却益または固定資産売却損などとして相殺後の純額で表示をすることが一般的です。

4　営業損益計算

費用のうち，企業により販売された商品や製品などの原価（当期の売上高に直接的に対応する費用）を**売上原価**（うりあげげんか）（Cost of SalesまたはCOGS；Cost of Goods Sold）といい，商業の場合，仕入原価のうち顧客に販売された（売り上げられた）商品の原価が，また製造業の場合には製造原価のうち顧客に販売された（売り上げられた）製品の原価が売上原価となります。そこで，一般的には，売上高が増えると，売上原価も比例的に増加する関係にあります（このように売上高の増減に比例して変動する費用のことを管理会計で変動費といいます）。

損益計算書上で売上高から売上原価を控除することで**売上総利益**（損失の場合は**売上総損失**）が計算されます。売上総利益は，**粗利益**（**粗利**，Gross Profit）ともいい，一般に企業が扱う商品・製品やビジネスモデルの収益性を表しており，また業種の特性や競争環境などの外部要因からの影響を受けることになります。

さらに，売上原価以外の営業活動から生じた経常的な費用，たとえば営業に携わる従業員の給料や広告宣伝費などの費用は，その発生した期間の売上高を獲得するために貢献したものとみなし，**販売費及び一般管理費**として損益計算書上で売上高と期間的に対応させる形で控除され，**営業利益**（損失の場合は**営業損失**）が計算されます。なお，広告宣伝費など販売費のなかには本当は翌期以降の売上高の獲得にも貢献している費用もあるかもしれませんが，その効果測定は複雑であると考えられる（また損益計算書で計算された利益が配当等の処分可能利益算定の基礎となるため確実性が求められる）ことなどの理由から，発生した期の費用として処理されます。

販売費及び一般管理費（SG&A；Selling, General and Administrative expenses）は，商品の販売などの営業活動にかかる販売費用（たとえば販売促進費，広告宣伝費，店舗建物の減価償却費や光熱費など）と，その他の全般的な活動から生じる管理費用（たとえば本社建物の減価償却費や本社で働く従業員の給料，賞与，福利厚生費，役員報酬など）を総称した表現で，頭文字をとって**販管費**ともいいます。販売費及び一般管理費を構成する費用のなかには，減価償却費などのように売上高の増減にかかわらず短期的には変化しない費用も多くあります（このように売上高の増減にかかわらず一定額が発生する費用のことを管理会計では固定費といいます）。

営業利益は，企業の本業による（財務体質を考慮に入れる前の本源的な）利益獲得能力を示すこととなります（**図表４－２**）。

図表4－2　売上高から売上原価と販管費を控除して営業利益を算定

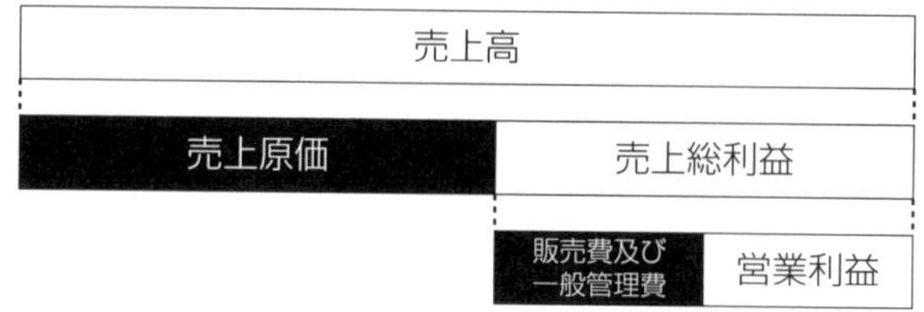

Exercise 4－1　◆次の資料から営業利益の金額を計算してください。

	(単位：円)
・売上高	100
・売上原価	60
・販売費及び一般管理費	30

解答・解説

営業利益　　10

売上高100から売上原価60を控除することで売上総利益40が計算され，さらに売上総利益から販売費及び一般管理費30を控除することで営業利益は10と求められます。

5　経常損益計算

経常利益（けいじょうりえき）は，営業利益の金額に営業外収益を加え，これから営業外費用を控除して表示します。**営業外収益**には主に（本業以外の）財務活動の成果として稼がれた収益，たとえば受取利息，受取配当金，有価証券売却益，仕入割引などが含まれ，**営業外費用**（えいぎょうがいひよう）には，主に債権者（金融機関や社債権者）に対する支払利息などの（本業以外の）財務活動に伴い発生した費用，たとえば支払利息，社債利息，有価証券売却損（売買目的有価証券売却損），売上割引，手形売却損などが含まれます。そこで，経常利益は，企業の本業により獲得された利益（営業利益）に加え，その企業の財務体質を加味した利益ということができ，企業の経常的な収益性を示すこととなります。

金融機関からの借入金や社債などの有利子負債に依存している企業では，支払利息の金額は比較的大きくなることから営業外費用が大きくなり，経常利益は営業利益よりも一般に小さくなります。わが国では，戦後の長い間メインバンク制度など間接金融（銀行借入）に依存することが多かったことから，経常利益は（親しみを込めて「経常」を音読みして）ケイツネともよばれるなど，わが国でとくに重視されてきた利益概念です。

他方で，資金に余裕があり証券投資からの配当金等が大きい場合には，営業外収益が比較的大きくなり，営業利益よりも経常利益が大きくなることもあります。

6　純損益計算

税引前当期純利益（ぜいびきまえとうきじゅんりえき）は，経常利益に特別利益を加え，これから特別損失を控除して表示します。

特別利益と**特別損失**は，企業にとって非経常的な（翌年度以降に発生が見込まれていない）臨時の利益または損失のことであり，特別利益には，たとえば有形固定資産売却益（企業が売却を予定していない有形固定資産を当期に売却し，たまたま利益が生じた場合）があります。特別損失には，たとえば有形固定資産売却損（企業が売却を予定していない有形固定資産を当期中に売却し，たまたま損失が生じた場合）や災害損失などが含まれます。

税引前当期純利益に，企業が負担する**法人税**（ほうじんぜい），**住民税**（じゅうみんぜい）**及び事業税**（じぎょうぜい）と**法人税等調整額**を加減算することで，税引後の**当期純利益**（とうきじゅんりえき）が計算されます。なお，法人税等調整額は，税引前当期純利益とそれにかかる税金費用を適切に対応（税金費用の期間配分）することを目的に適用される税効果会計の科目です。

7　損益計算書のひな型

わが国の企業実務では，損益計算書のひな型として，一般社団法人 日本経済団体連合会が公表する，いわゆる経団連ひな型が大企業から中小企業まで幅広く用いられています（**図表４－３**）。

図表４－３　損益計算書のひな型（経団連ひな型）

［記載例］

損益計算書

（自平成○年○月○日　至平成○年○月○日）

（単位：百万円）

科　目	金　額	
売上高		×××
売上原価		×××
売上総利益		×××
販売費及び一般管理費		×××
営業利益		×××
営業外収益		
受取利息及び配当金	×××	
その他	×××	×××
営業外費用		
支払利息	×××	
その他	×××	×××
経常利益		×××
特別利益		
固定資産売却益	×××	
その他	×××	×××
特別損失		
固定資産売却損	×××	
減損損失	×××	
その他	×××	×××
税引前当期純利益		×××
法人税，住民税及び事業税	×××	
法人税等調整額	×××	×××
当期純利益		×××

（出所）　一般社団法人 日本経済団体連合会「会社法施行規則及び会社計算規則による株式会社の各種書類のひな型（改訂版）」（2016年３月９日）47頁。

Exercise 4－2 ◈小売業を営む株式会社YOKOTA&NONAKAの損益計算書について，次の⑴～⑿の収益または費用等の項目を，販売費及び一般管理費，営業外収益，営業外費用，特別利益，特別損失の各カテゴリーに分類してください。

⑴固定資産売却益，⑵固定資産売却損，⑶光熱費，⑷広告宣伝費，⑸受取利息，⑹支払利息，⑺減価償却費（店舗建物），⑻社債利息，⑼手形売却損，⑽災害損失，⑾有価証券利息，⑿受取配当金

解答・解説

収益または費用の各科目は，その属性にもとづき以下のように分類されます。なお，企業会計では一般に，社債利息は自社の社債（負債）について支払う利息を意味し，有価証券利息は国債や地方債，他社の社債等の債券から発生する有価証券の受取利息を意味します。

販売費及び一般管理費……⑶，⑷，⑺
営業外収益……………………⑸，⑾，⑿
営業外費用……………………⑹，⑻，⑼
特別利益………………………⑴
特別損失………………………⑵，⑽

8　現金主義と発生主義

企業の適正な期間損益計算にあたり，収益および費用の認識時期，すなわち収益と費用をいつ認識するのか（当期に認識するか，翌期以降に認識するのか）の判定は，とても重要です。たとえば，収益につき本来は翌期以降に認識すべきところを当期に前倒しして認識することとしたならば，当期の利益は過大に表示されてしまうことになります。費用についても，本来は当期の収益獲得に貢献した当期の費用を翌期以降に繰り延べて認識することとしたらならば，同様に当期の利益の額は過大表示されることになります。

この収益および費用の認識時期を決める基準には，現金主義と発生主義の2

通りの概念があります。**現金主義**（Cash Basis）とは，現金の動き（収支）に着目する考え方で，現金の収入時に収益を，支出時に費用を認識します。**発生主義**（Accrual Basis）は，収益および費用の発生時に，それを認識する会計の基準です。たとえば当期に発生した販売費用を翌期に現金で支払った場合，現金主義では現金を支出した翌期の費用として処理することになりますが，発生主義では当期の費用として会計処理します。

信用経済の発達した現代において企業間の取引は企業間信用（いわゆる掛けの取引）が一般的であることなどから，企業会計では，適正な期間損益計算を達成するため（現金主義ではなく）発生主義が採用されています。

9　収益認識（実現主義）

収益の認識についても，基本的な考え方として（現金主義ではなく）発生主義会計が用いられます。たとえば，営業外収益の受取利息（金利）は，時の経過に伴い発生するものですから，（利息を現金で収受した時点とは関係なく）時の経過とともにその発生分を収益として認識します。

ただし，本業の営業活動により稼がれた売上高は，その確実性を重視する点から，原則として顧客への商品等の販売や役務の提供など客観的な実現の事実があるまで収益を認識することはできないとする**実現主義**（Realization Concept）に服することになります。なお，わが国の伝統的な会計学において，「**実現**（Realize）」とは，「財貨の移転または役務の提供」と「現金または現金等価物（売掛金や受取手形等の売上債権）の取得，すなわち対価の成立」の２要件が満たされることをいいます（**図表４－４**）。

図表4－4　実現主義の考え方

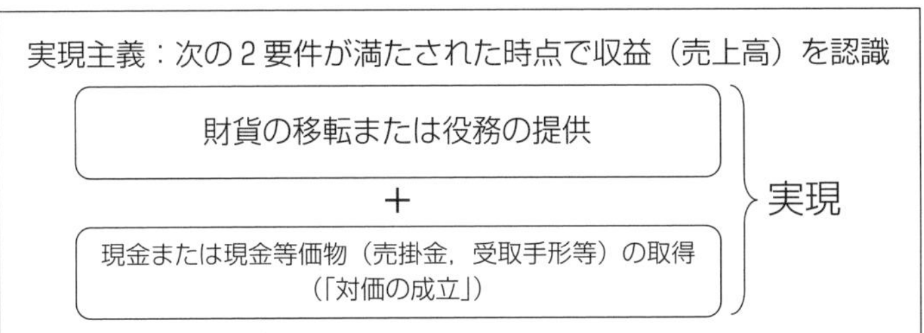

（出所）経済安定本部企業会計基準審議会「税法と企業会計原則との調整に関する意見書（小委員会報告）」（昭和27年6月）7頁より著者作成。

10　たな卸資産の費用配分（売上原価の計算）

収益および費用の各項目を当期の損益計算書に表示するか（当期の損益計算に含めるか，すなわち収益と費用の期間帰属）の決定にあたっては，まず収益項目が発生主義および実現主義の適用により先に決まり，費用項目はその当期の収益の獲得に貢献した部分を収益と対応させて表示することになります。

損益計算書は企業の一定期間の経営成績を表示するものですから，（本章の冒頭でも述べたとおり）企業は収益と費用をその発生源泉別に分類し，損益計算書では収益とそれに関連する（その収益の獲得に要した）費用を期間的に対応させて表示しなければなりません（費用収益対応の原則）。

費用のうち，企業により販売された商品や製品などの原価（当期の売上高に直接的に対応する費用）を売上原価として，売上高と対応させて損益計算（売上高から控除して売上総利益を計算）することになりました（前述の4「営業損益計算」を参照）。ここで大切なことは，売上高に対応する費用（売上原価）は，企業が当期に仕入れた仕入原価（または製造で発生した製造原価）ではなく，企業により販売された商品等の原価部分であるということです。実際の企業活動では，当期に仕入れた商品が必ずしも当期中にすべて販売されるとは限りません。仕入れたものの売れずに在庫として残っているかもしれません。そこで，仕入れたものの期末時点で売れずに残っている部分の仕入原価は，翌期以降の販売された期の売上高と対応すべき原価ですから，当期の費用として損益計算に含めることはできません。仕入原価のうち期末時点で売れ残っている部分は，貸借対照表のたな卸資産として資産計上されることになり，将来，販売された期の損益計算に含まれることとなります（**図表４－５**）。

このように，企業は，売上原価を計算するため期末に在庫するたな卸資産を**実地たな卸**により確認する必要があります。

期末たな卸資産の評価は，売上原価の計算を通じて当期の損益計算に用いられるとともに，翌期の期首たな卸資産の価額として翌期以降の売上原価の計算にも用いられることになります。前期の期末たな卸資産は当期の期首たな卸資産と同じですので，前期の期末たな卸資産がある場合にはそれを当期の期首たな卸資産として売上原価の計算に反映することになります。そこで，期首にたな卸資産が存在する場合の売上原価は，商業の場合，期首商品たな卸高に当期商品仕入高を加え，そこから期末商品たな卸高を控除して計算し，また，製造業の場合，期首製品たな卸高に当期製品製造原価を加え，そこから期末製品たな卸高を控除して計算することになります。

図表４－５　たな卸資産の費用配分（簡略化のため期首にたな卸資産がない場合）

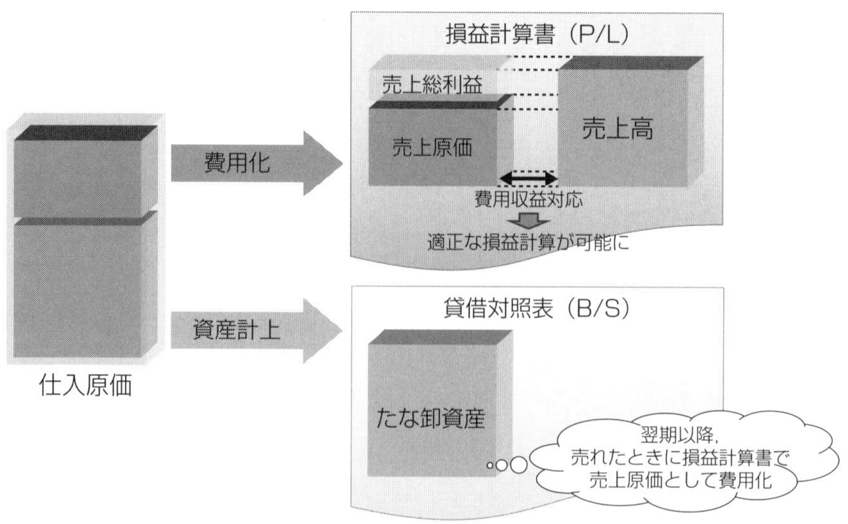

Exercise 4－3 ◆下記の空欄を埋め文章を完成させてください。

1．損益計算書は，企業の一定〔(ア)　　　　　　〕の〔(イ)　　　　　　〕を表示する財務諸表である。

2．損益計算書では，売上高から売上原価を控除して〔(ウ)　　　　　　〕(粗利ともいう）を計算する。

3．損益計算における費用および収益の認識は，原則として〔(エ)　　　　　　〕主義によることとされている。

4．売上高は，〔(オ)　　　　　　〕主義の原則にしたがい，商品等の販売または役務の給付によって実現したものに限られる。

　わが国の伝統的な会計学において「実現」とは，「財貨の移転または〔(カ)　　　　　　〕の提供」と，「現金または現金等価物（売掛金，受取手形等）の取得（すなわち「〔(キ)　　　　　　〕の成立」)」の２要件が満たされた時点をいう。

5．売上原価は，売上高に対応する商品等の〔(ク)　　　　　　〕原価または製造原価であるが，商業の場合には，期首商品たな卸高に当期商品〔(ケ)　　　　　　〕高を加え，これから〔(コ)　　　　　　〕商品たな卸高を控除して計算する。

解答

(ア)　期間	(イ)　経営成績	(ウ)　売上総利益	(エ)　発生
(オ)　実現	(カ)　役務	(キ)　対価	(ク)　仕入
(ケ)　仕入	(コ)　期末		

Exercise 4－4 ◆株式会社スズキ＆アソシエイツの下記のX2年４月１日～X3年３月31日の資料から経常利益と税引前当期純利益の金額を計算してください。

	（単位：百万円）
・売上高	1,000
・売上原価	400

・販売費及び一般管理費　400
・営業外収益　300
・営業外費用　200
・特別利益　200
・特別損失　100

解答・解説

経常利益　300（百万円）　税引前当期純利益　400（百万円）

	（単位：百万円）
売上高	1,000
売上原価	400
売上総利益	600
販売費及び一般管理費	400
営業利益	200
営業外収益	300
営業外費用	200
経常利益	300
特別利益	200
特別損失	100
税引前当期純利益	400

BIG4ー世界４大プロフェッショナル・ネットワーク

ビジネスの専門家として会計監査や税務，コンサルティング，アドヴァイザリー・サービス等を提供する組織をプロフェッショナル・ネットワークといいます。とくに，グローバルに展開する多国籍企業等を相手に，世界的規模でプロフェッショナル・サービスを提供する**BIG4（大手４大ネットワーク）**はビジネスの世界で有名です。

BIG4の概要

BIG4のネットワーク名	年間収益	人員規模
Deloitte（Deloitte Touche Tohmatsu Limited）	476億ドル	330,000人
PwC（PricewaterhouseCoopers International Limited）	430.3億ドル	284,258人
EY（Ernst & Young Global Limited）	372.3億ドル	298,965人
KPMG（KPMG International Cooperative）	292.2億ドル	227,000人

※いずれも2020年度の公開資料をもとに作成

また，日本の監査法人（会計事務所）とBIG4とは，次のようなつながりがあります。

BIG4と日本の監査法人（会計事務所）のつながり

BIG4	日本でのメンバー・ファーム（監査法人のみ）
Deloitte	有限責任監査法人トーマツ
PwC	PwCあらた有限責任監査法人 PwC京都監査法人
EY	EY新日本有限責任監査法人
KPMG	有限責任あずさ監査法人

BIG4は，従来，世界４大会計事務所ともよばれ，会計監査・税務を本業とする会計事務所でした。しかし，企業活動が大規模かつ複雑化するなか，多様な企業ニーズにクライアント目線で対応するため，現在ではコンサルティングやアド

ヴァイザリー・サービス等を含むあらゆる企業ニーズにグループとして対応しています。

たとえば，BIG4の一角，Deloitteのメンバーである有限責任監査法人トーマツは，企業の多様なビジネスニーズに対応するため，日本においてデロイト トーマツ コンサルティング合同会社，デロイト トーマツ ファイナンシャルアドバイザリー合同会社，デロイト トーマツ税理士法人，DT弁護士法人などとともにデロイト トーマツ グループを構成し（国内約30都市に1万名以上の専門家を擁しています），多国籍企業や主要な日本企業をクライアントとしてサービスを提供しています。

デロイト トーマツ グループ 組織構成図

グループガバナンス経営執行	デロイト トーマツ合同会社					
グループ内ビジネス区分	監査・保証業務 Audit & Assurance	リスクアドバイザリー Risk Advisory	コンサルティング Consulting	ファイナンシャルアドバイザリー Financial Advisory	税務・法務 Tax & Legal	コーポレート Corporate
グループ法人	有限責任監査法人トーマツ		デロイトトーマツコンサルティング合同会社	デロイトトーマツファイナンシャルアドバイザリー合同会社	デロイトトーマツ税理士法人	デロイトトーマツコーポレートソリューション合同会社
		デロイトトーマツサイバー合同会社	エー・フレーム㈱	デロイトトーマツ人材機構㈱	DT弁護士法人	デロイトトーマツサービシーズ㈱
		デロイトトーマツサステナビリティ㈱		デロイトトーマツPRS㈱	デロイトトーマツ行政書士法人	トーマツチャレンジド㈱
		デロイトトーマツリスクサービス㈱		デロイトトーマツベンチャーサポート㈱	デロイトトーマツ社会保険労務士法人	
				デロイトトーマツミック経済研究所㈱	デロイトトーマツタレントプラットフォーム㈱	
				株式会社シー・アイ・エー		
				株式会社TMAC		

（出所） デロイト トーマツ グループウェブサイト（2020年12月15日現在）

キャッシュ・フロー計算書の構造と情報内容

1　キャッシュ・フロー計算書の概要

キャッシュ・フロー計算書（Statement of Cash Flows）は，企業の一定期間における資金（キャッシュ）の増減について，その原因ごとに分類して表示をする財務諸表です。企業が保有する現金の増減といった事実は貸借対照表の期首と期末を比較することで把握できますが，それがどのような原因によるものなのかまでは貸借対照表からはわかりません。たとえば資金の増加について，それが本業の営業活動が順調で増加をしたのか，それとも売上低迷による資金繰りの悪化を銀行借入でまかなったのかでは，まったく状況が異なっています。そこで，キャッシュ・フロー計算書では，企業が一定期間にどれだけの資金をどのようにして獲得したか，またどれだけの資金を何に支出したかを，「**営業活動**」，「**投資活動**」，「**財務活動**」に区分して明瞭に表示することになります。

なお，一定期間というフローの概念で把握する点は損益計算書と同じですが，損益計算書が企業の経営成績を表示することを目的に費用・収益の認識につき原則として発生主義を用いることで適正な損益計算を行うこととしているのに対し，キャッシュ・フロー計算書は一定期間の資金の収支（収入および支出）という事実に着目をしている点が異なります。また，損益計算書で計算される利益の概念は会計上の見積りや会計方針に左右されるのに対し，キャッシュ・フロー計算書は資金の動きという事実を表していることから客観性が高いという長所もあります。

キャッシュ・フロー計算書は，現在では，貸借対照表，損益計算書と合わせて**財務3表**ともよばれ，重要な財務諸表として位置づけられていますが，その歴史は前章まででみてきた貸借対照表や損益計算書よりも比較的新しいものです。わが国でキャッシュ・フロー計算書が正式に財務諸表として位置づけられるようになったのは，20世紀末の会計制度のグローバル化の流れ（会計ビッグバン）のなかで，2000年３月期から金融商品取引法（当時は証券取引法）により有価証券報告書の提出会社に開示が義務づけられてからのことです。また，現在でもキャッシュ・フロー計算書は，会社法上の計算書類には該当しないことから，すべての会社が作成しているわけではありません。なお，日常の資金繰りは企業の生命線であることから，わが国でも昔から**資金移動表**（キャッシュ・フロー計算書の前身）や**月次の資金繰表**（しきんぐりひょう）などを用いて企業内部での資金管理が行われてきましたが，対外的に開示される財務諸表としての位置づけではありませんでした。

2　2種類のフローの計算書が必要な理由

経営成績を明らかにするため損益計算書上で（発生主義を基準として）計算された利益は，必ずしも会社が保有する資金の増加を意味するとは限りません。

また，企業が，当期に資金を支出しても，将来の収益獲得に貢献すると考えられる部分は貸借対照表上で資産計上されることとなり，必ずしも損益計算書上で費用として損益計算に含まれるわけではありませんでした。たとえば，投資の回収に時間を要する固定資産に投資をした場合，当期の損益計算書上で費用とされるのは減価償却（げんかしょうきゃく）手続きにより耐用年数（たいようねんすう）にわたり費用配分された部分（減価償却費）のみでした。また，（前章のたな卸資産の費用配分手続きでみたとおり）仕入れた商品や製造した製品が当期中に売れず在庫として残った場合にも，貸借対照表上でたな卸資産として資産計上されることとなり，損益計算書上で費用化される売上原価には含まれませんでした。たとえば，ある企業が当期に100円の商品２個を現金で仕入れ（仕入原価200円），そのうちの１個を150円で顧客に現金販売したとします（**図表５－１**を参照）。この企業には他の取引がなかったと仮定すると，損益計算書の利益は，仕入原価200円のうち販売された分の売上原価100のみが費用として損益計算に含まれますから（在庫の100円は貸借対照表で資産計上されます），50円の利益（黒字）になります。一方で，キャッシュ・フローは，50円のマイナス（赤字）になります。

図表5－1　損益はプラスでも資金はマイナス

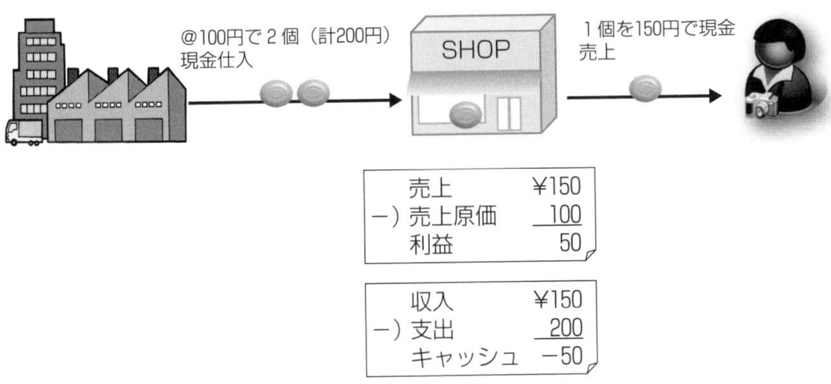

損益計算書上では利益がでている黒字企業であるにもかかわらず資金繰りに行き詰って倒産をする**黒字倒産**は，損益計算書だけでは見抜くことができません。そこで，企業の安全性を把握するうえで，資金の動きに関する情報も必要になります。

また，キャッシュ・フローの情報は，企業価値算定の基礎となることから，株主等の証券投資者にとって重要な情報であるといえます。キャッシュ・フローは，企業会計上の異なる会計方針や会計処理の採用による影響を排除することができますので，競合企業等との比較にも有用であるといえます。さらに，市場の商機をとらえた高成長企業では，本業の事業活動による資金獲得能力が高くても，稼いだ資金の大半を将来の投資に充て，損益計算書上ではわずかな利益しか残っていないという場合もあります。このような高成長企業の株主は，会社の成長を期待しており，会計上で利益をあげること，ひいては成長のための原資を納税に充てたり株主へ配当することなどは望んでいません。このような企業の経営実態を正しく把握するためには，キャッシュ・フロー計算書を用いた分析が不可欠となります。

3　キャッシュ・フロー計算書の資金の範囲

わが国の場合，キャッシュ・フロー計算書で扱う資金（キャッシュ）は，貸借対照表上の現金預金と必ずしも一致しません。キャッシュ・フロー計算書の対象とされる「**資金（キャッシュ）**」とは「**現金及び現金同等物**」のこととされ，ここで現金には貸借対照表上の現金預金に含まれるもののうち，手許現金，要求払預金（たとえば当座預金，普通預金，通知預金）が含まれます（**図表5－2**）。現金同等物は，容易に換金可能であり，かつ価値の変動について僅少なリスクしか負わない短期投資が含まれます。具体的には，譲渡性預金，定期預金，コマーシャル・ペーパー，売戻し条件付現先，公社債投信などで，取得日から満期日または償還日までの期間が３カ月以内のものが含まれます。

なお，各企業の現金及び現金同等物の範囲については，会計方針として注記することとされています。

図表5－2　キャッシュ・フロー計算書の現金及び現金同等物の範囲

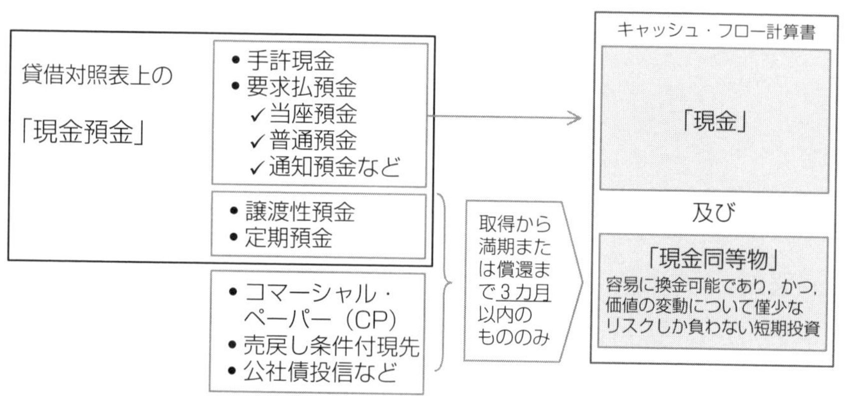

4　キャッシュ・フロー計算書の基本構造

キャッシュ・フロー計算書では，企業が一定期間にどれだけの資金をどのようにして獲得したか，またその資金を何にどれだけ支出したかについて，「**営業活動によるキャッシュ・フロー**」，「**投資活動によるキャッシュ・フロー**」，「**財務活動によるキャッシュ・フロー**」に区分して表示します（**図表5－3**のⅠ，Ⅱ，Ⅲ）。

次に，この結果，企業の資金が一定期間に純額でいくら増加または減少したかを計算し，「現金及び現金同等物の増減額」として表示します（図表5－3のⅤ）。なお，たとえば外貨預金について期末に換算替えしたことにより為替差損益が生じている場合等は，「現金及び現金同等物に係る換算差額」で調整することとされています（図表5－3のⅣ）。

最後に，企業の一定期間の資金の純増減額である「現金及び現金同等物の増減額」に，期首の資金残高である「現金及び現金同等物の期首残高」を加算することで，「現金及び現金同等物の期末残高」を表示します（図表5－3のⅤ，Ⅵ，Ⅶ）。

図表5－3　キャッシュ・フロー計算書の基本構造

Ⅰ	営業活動によるキャッシュ・フロー	×××
Ⅱ	投資活動によるキャッシュ・フロー	△××
Ⅲ	財務活動によるキャッシュ・フロー	△××
Ⅳ	現金及び現金同等物に係る換算差額	×
Ⅴ	現金及び現金同等物の増減額	××
Ⅵ	現金及び現金同等物の期首残高	×××
Ⅶ	現金及び現金同等物の期末残高	×××

5　営業活動によるキャッシュ・フロー

営業活動によるキャッシュ・フローは，企業の本業である営業活動を通して獲得されたキャッシュ・フローのことで，売上や売上原価，販売費及び一般管理費の取引から生じたキャッシュ・フローを中心に，投資活動によるキャッシュ・フローにも財務活動によるキャッシュ・フローにも該当しないもの（たとえば法人税等の支払額，損害賠償金の支払額など）が含まれます。

営業活動によるキャッシュ・フローが多ければ，外部からの資金調達に頼ることなく営業能力を維持し必要な投資を行うことができ，また，借入金等の負債を返済することもできます。そこで，営業活動によるキャッシュ・フローは，本来，プラスであることが望ましく，多ければ多いほどよいということができます。一方で，創業間もない企業のように事業が軌道に乗るまでの間や，本業が不振な場合等には，マイナスになることもあります。

6　営業活動によるキャッシュ・フローの表示方法

営業キャッシュ・フローの表示方法には，**直接法**と**間接法**の２通りの方法があります（**図表５－４**参照）。

直接法は，主要な取引ごとに収入総額と支出総額を表示する方法で，営業収入や人件費の支出など個々の項目ごとの収入と支出が直感的に理解しやすい反面，個々の収入と支出を計算する必要があることから実務上で作成に手間がかかるという短所があります。

間接法は，税引前当期純利益を起点に必要な調整項目を加減して表示する方法で，営業活動によるキャッシュ・フローと損益計算書で計算された利益との関係が明らかであり，また，直接法と比較して作成が容易であることなどから，多くの企業で採用されています。

なお，直接法と間接法は単なる表示方法の違いにすぎませんので，いずれの方法であっても営業活動によるキャッシュ・フローの金額は同じになります。

図表5－4　営業活動によるキャッシュ・フローの表示方法（直接法と間接法）

直接法　主要な取引ごとに収入と支出を総額表示

Ⅰ　営業活動によるキャッシュ・フロー	
営業収入	×××
原材料及び商品の仕入による支出	△×××
人件費の支出	△×××
その他の営業支出	△×××
小計	×××
利息及び配当金の受取額	×××
利息の支払額	△×××
………	×××
法人税等の支払額	△×××
営業活動によるキャッシュ・フロー	×××

間接法　税引前当期純利益に調整項目を加減して表示

Ⅰ　営業活動によるキャッシュ・フロー	
税引前当期純利益	×××
減価償却費	×××
………	×××
売上債権の増減額	×××
たな卸資産の増減額	×××
仕入債務の増減額	×××
………	×××
小計	×××
利息及び配当金の受取額	×××
利息の支払額	△×××
損害賠償金の支払額	△×××
………	×××
法人税等の支払額	△×××
営業活動によるキャッシュ・フロー	×××

(1)　直接法による表示

直接法では，営業収入から仕入や人件費等の支出を控除し，さらに，受取利息および受取配当金，支払利息などの収入・支出を加減して営業活動によるキャッシュ・フローを表示します（図表5－4参照）。

営業収入の金額は，営業収益（売上高）を，資金（キャッシュ）の動きに着目した現金主義に調整することで計算されます。すなわち，売掛金などの売上債権が（期首と比べて）増加した場合，資金の収入額はその増加分だけ減少しているため営業収益の額（売上高）から減算する必要があります（**図表5－5**参照）。反対に売上債権が減少した場合には，収入額はその減少分だけ増加しているため営業収益の額（売上高）に加算をします。

仕入による支出の金額は，仕入高（仕入原価）を，資金の動きに着目した現金主義に調整することで計算されます。すなわち，買掛金などの仕入債務が増加した場合，資金の支出額はその増加分だけ減少しているため仕入高から減算します（図表5－5参照）。反対に仕入債務が減少した場合は，その減少分だけ支出額は増加しているため加算する必要があります。

また，人件費，その他の営業支出についても，資金の動きに着目した現金主義に調整を行うことになります。

図表５－５　直接法による表示

売上高から営業収入への調整

資産・負債	売上債権の変化	営業収入への調整
売上債権	増加 ⇒	収入の減少 （売上高から減算）
	減少 ⇒	収入の増加 （売上高に加算）

仕入高から「仕入による支出」への調整

資産・負債	仕入債務の変化	「仕入による支出」への調整
仕入債務	増加 ⇒	支出の減少 （仕入高から減算）
	減少 ⇒	支出の増加 （仕入高に加算）

⑵　間接法による表示

間接法では，損益計算書の税引前当期純利益の金額を起点に，減価償却費などの損益計算書上の損益項目のうち資金の動きを伴わない非資金損益項目を加減算し，さらに，売上債権，たな卸資産，仕入債務といった営業活動に係る資産と負債の増減等について，資金（キャッシュ）の動きに着目した現金主義に調整することで営業活動によるキャッシュ・フローを計算します（図表５－４参照）。

減価償却費や貸倒引当金の増加額といった当期中の資金の流出を伴わない非資金支出費用は，損益計算書上で費用として認識され利益を減少させていますが，資金は減っていないことから，足し戻す（加算する）ことでキャッシュ・フローに調整することができます。

売掛金などの売上債権やたな卸資産といった営業活動にかかる資産項目が(期首と比べて）増加した場合，その増加分だけ資金は減少しているため減算する必要があります（**図表5－6**参照)。考え方として，資金以外の資産の増加は，資金が他の資産になったと考えられることから，その分だけ資金は減少しているものと考えます。反対に売上債権やたな卸資産等の資産項目が減少した場合には，その減少分だけ資金は増加しているため加算することになります。

他方で，買掛金などの仕入債務といった営業活動にかかる負債が増加した場合，その増加分だけ資金は増加しているため加算します（図表5－6参照)。考え方として，仕入債務（負債）の増加は，仕入代金を支払う代わりに仕入債務（負債）が増加したと考えられることから，結果的にその分だけ資金は増加しているものと考えます。反対に仕入債務が減少した場合は，その減少分だけ資金は減少しているため減算する必要があります。

また，受取利息及び受取配当金，支払利息の項目については，未収利息や未払費用などの発生主義による影響をとり除くため，いったん加減算前の状態に戻し（収益項目である受取利息及び配当金については減算し，費用項目である支払利息は足し戻し）たうえで，資金（キャッシュ）の動きに着目した現金主義によ

図表5－6　間接法による表示

営業活動に係る資産の増減と資金（キャッシュ）への影響

資産・負債	資産の変化	資金（キャッシュ）への調整
資産（資金を除く）	増加	⇨ 資金（キャッシュ）の減少（減算調整）
	減少	⇨ 資金（キャッシュ）の増加（加算調整）

営業活動に係る負債の増減と資金（キャッシュ）への影響

資産・負債	負債の変化	資金（キャッシュ）への調整
負債	増加	⇨ 資金（キャッシュ）の増加（加算調整）
	減少	⇨ 資金（キャッシュ）の減少（減算調整）

る「利息及び配当金の受取額」と「利息の支払額」を小計欄の下で加減算します。

Exercise 5－1 ◆次の資料から営業活動によるキャッシュ・フローの金額を間接法により計算してください。

・税引前当期純利益	100
・減価償却費	50
・売上債権の増加額	60
・たな卸資産の増加額	70
・仕入債務の増加額	80
・法人税等の支払額	40

解答・解説

間接法では，税引前当期純利益の金額を起点に，減価償却費などの資金の動きを伴わない非資金損益項目を加減算し，さらに，売上債権，たな卸資産，仕入債務といった営業活動に係る資産と負債の増減等について，資金（キャッシュ）の動きに着目した現金主義に調整することで営業活動によるキャッシュ・フローを表示します。減価償却費は当期中の資金の流出を伴わない非資金支出費用ですので足し戻し（加算し）ます。売上債権とたな卸資産の増加額は，その分だけ資金は減少しているため減算する必要があります。他方で，仕入債務の増加額は，その分だけ資金は増加しているため加算します。よって，本問の場合，税引前当期純利益100を起点に，減価償却費50を加算し，売上債権の増加額60とたな卸資産の増加額70を減算し，仕入債務の増加額80を加算し，法人税等の支払額40を減算することで，営業活動によるキャッシュ・フローを60（＝100＋50－60－70＋80－40）と求めることができます。

7　投資活動によるキャッシュ・フロー

投資活動によるキャッシュ・フローは，固定資産（たとえば生産設備）の取得や売却，有価証券（現金同等物を除く）・投資有価証券の取得や売却等の投資活動に伴うキャッシュ・フローのことです（**図表5－7**参照）。企業は，生産能力の維持・拡大のため将来に向けた投資を行います。そこで，投資活動によるキャッシュ・フローは，企業が将来のためにどのような資産にどの程度の資金を支出（または回収）したかを示しており，マイナスになることが一般的です。

図表5－7　投資活動によるキャッシュ・フローの構造

Ⅱ　投資活動によるキャッシュ・フロー	
有価証券の取得による支出	△×××
有価証券の売却による収入	×××
有価固定資産の取得による支出	△×××
有価固定資産の売却による収入	×××
投資有価証券の取得による支出	△×××
投資有価証券の売却による収入	×××
貸付けによる支出	△×××
貸付金の回収による収入	×××
………	×××
投資活動によるキャッシュ・フロー	×××

8　財務活動によるキャッシュ・フロー

財務活動によるキャッシュ・フローは，企業の資金調達および返済に関するキャッシュ・フローのことで，たとえば借入金の借入・返済，社債の発行・償還，株式の発行・自己株式の取得，配当金の支払い等が含まれます（**図表5－8**参照）。企業は，日常の営業活動および将来に向けた投資活動のために必要となる資金を調達しなければなりません。そこで，財務活動によるキャッシュ・フローは，企業が営業活動および投資活動に必要な資金をどのような手段でどの程度を調達（または返済や余剰を配当等）したかを示します。

営業活動によるキャッシュ・フローが多額で，投資活動によるキャッシュ・フローの支出を上回る成熟企業等では，借入金の返済や株主への配当金の支払い等を行うことができますので財務活動によるキャッシュ・フローは一般にマイナスになります。

他方で，投資活動によるキャッシュ・フローの支出を営業活動によるキャッシュ・フローの黒字（収入）でまかなうことができない場合，その差額を借入等で資金調達しなければなりませんので財務活動によるキャッシュ・フローはプラスになります。

図表5－8 財務活動によるキャッシュ・フローの構造

Ⅲ　財務活動によるキャッシュ・フロー	
短期借入れによる収入	×××
短期借入金の返済による支出	△×××
長期借入れによる収入	×××
長期借入金の返済による支出	△×××
社債の発行による収入	×××
社債の償還による支出	△×××
株式の発行による収入	×××
自己株式の取得による支出	△×××
配当金の支払額	△×××
………	×××
財務活動によるキャッシュ・フロー	×××

9　キャッシュ・フロー計算書のひな型

キャッシュ・フロー計算書のひな型として，財規（財務諸表等の用語，様式及び作成方法に関する規則）の様式があります（**図表5－9**参照）。なお，営業活動によるキャッシュ・フローのみ直接法と間接法の記載方法の違いがありますが，投資活動によるキャッシュ・フローと財務活動によるキャッシュ・フローは共通です。

図表5－9　キャッシュ・フロー計算書のひな型

間接法によるキャッシュ・フロー計算書のひな型

キャッシュ・フロー計算書		（単位：　円）
	前事業年度 （自　年　月　日 至　年　月　日）	当事業年度 （自　年　月　日 至　年　月　日）
営業活動によるキャッシュ・フロー		
税引前当期純利益（又は税引前当期純損失）	×××	×××
減価償却費	×××	×××
減損損失	×××	×××
貸倒引当金の増減額（△は減少）	×××	×××
受取利息及び受取配当金	△×××	△×××
支払利息	×××	×××
為替差損益（△は益）	×××	×××
有形固定資産売却損益（△は益）	×××	×××
損害賠償損失	×××	×××
売上債権の増減額（△は増加）	×××	×××
たな卸資産の増減額（△は増加）	×××	×××
仕入債務の増減額（△は減少）	×××	×××
……………	×××	×××
小計	×××	×××
利息及び配当金の受取額	×××	×××
利息の支払額	△×××	△×××
損害賠償金の支払額	△×××	△×××
……………	×××	×××
法人税等の支払額	△×××	△×××
営業活動によるキャッシュ・フロー	×××	×××
投資活動によるキャッシュ・フロー		
有価証券の取得による支出	△×××	△×××
有価証券の売却による収入	×××	×××
有形固定資産の取得による支出	△×××	△×××
有形固定資産の売却による収入	×××	×××
投資有価証券の取得による支出	△×××	△×××
投資有価証券の売却による収入	×××	×××
貸付けによる支出	△×××	△×××
貸付金の回収による収入	×××	×××
……………	×××	×××
投資活動によるキャッシュ・フロー	×××	×××
財務活動によるキャッシュ・フロー		
短期借入れによる収入	×××	×××
短期借入金の返済による支出	△×××	△×××
長期借入れによる収入	×××	×××

長期借入金の返済による支出	△×××	△×××
社債の発行による収入	×××	×××
社債の償還による支出	△×××	△×××
株式の発行による収入	×××	×××
自己株式の取得による支出	△×××	△×××
配当金の支払額	△×××	△×××
……………	×××	×××
財務活動によるキャッシュ・フロー	×××	×××
現金及び現金同等物に係る換算差額	×××	×××
現金及び現金同等物の増減額（△は減少）	×××	×××
現金及び現金同等物の期首残高	×××	×××
現金及び現金同等物の期末残高	×××	×××

（出所） 財務諸表等の用語，様式及び作成方法に関する規則　様式第9号

直接法によるキャッシュ・フロー計算書のひな型（営業活動によるキャッシュ・フロー部分）

（単位：　円）

キャッシュ・フロー計算書	前事業年度 （自　年　月　日 至　年　月　日）	当事業年度 （自　年　月　日 至　年　月　日）
営業活動によるキャッシュ・フロー		
営業収入	×××	×××
原材料又は商品の仕入れによる支出	△×××	△×××
人件費の支出	△×××	△×××
その他の営業支出	△×××	△×××
小計	×××	×××
利息及び配当金の受取額	×××	×××
利息の支払額	△×××	△×××
損害賠償金の支払額	△×××	△×××
……………	×××	×××
法人税等の支払額	△×××	△×××
営業活動によるキャッシュ・フロー	×××	×××
⋮	⋮	⋮

（出所） 財務諸表等の用語，様式及び作成方法に関する規則　様式第8号より，営業活動によるキャッシュ・フロー部分を抜粋。

10　フリー・キャッシュ・フロー（FCF）

キャッシュ・フローの分析にあたり，**フリー・キャッシュ・フロー（FCF）**という概念があります。フリー・キャッシュ・フローとは，企業経営者の裁量で自由に借入金返済や自己株式取得，新たな投資などに充てることのできるキャッシュ・フローのことをいいます。フリー・キャッシュ・フローの概念は，分析目的等により異なることから必ずしも国際的に共通の定義が存在するわけではありませんが（たとえば配当金の支払いはわが国では一般的に経営者の裁量の範囲と考えられ減算しませんが，義務的な支出ととらえるならば減算が必要とされます），わが国では一般的に，営業活動によるキャッシュ・フローに，投資活動によるキャッシュ・フローを加味した金額が用いられています。たとえば，営業活動によるキャッシュ・フローが＋100，投資活動によるキャッシュ・フローが－70であった場合，フリー・キャッシュ・フローは＋30（＝100－70）となります。

Exercise 5－2 ◆下記の空欄を埋め文章を完成させてください。

1．キャッシュ・フロー計算書では，企業のキャッシュの変動につき，「営業活動によるキャッシュ・フロー」，「〔(ア)　　　　　〕活動によるキャッシュ・フロー」，「財務活動によるキャッシュ・フロー」の3つに区分して表示をする。

2．キャッシュ・フロー計算書の「キャッシュ（資金）」の範囲は，現金及び〔(イ)　　　　　〕のことである。

3．キャッシュ・フローは，〔(ウ)　　　　　〕から支出を控除して計算する。

解答

(ア)　投資　　(イ)　現金同等物　　(ウ)　収入

Exercise 5－3 ◆キャッシュ・フロー計算書について，正しいほうに○をつけてください。

1．間接法による営業キャッシュ・フローの表示で，減価償却費は，利益に〔　加算　・　減算　〕する。
2．間接法による営業キャッシュ・フローの表示で，たな卸資産の減少額は，利益に〔　加算　・　減算　〕する。
3．間接法による営業キャッシュ・フローの表示で，売上債権の減少額は，利益に〔　加算　・　減算　〕する。
4．間接法による営業キャッシュ・フローの表示で，仕入債務の減少額は，利益に〔　加算　・　減算　〕する。

解答

1．加算　　2．加算　　3．加算　　4．減算

Exercise 5－4 ◆以下の各問について計算をしてください。

1．次の資料から営業活動によるキャッシュ・フローの金額を間接法により計算してください。

・税引前当期純利益	300
・減価償却費	30
・売上債権の増加額	100
・たな卸資産の増加額	70
・仕入債務の減少額	30
・法人税等の支払額	80

2．次の資料から営業活動によるキャッシュ・フローの金額を間接法により計算してください。

・税引前当期純利益	300
・減価償却費	30
・売上債権の減少額	100
・たな卸資産の減少額	70

・仕入債務の増加額　30
・法人税等の支払額　80

解答

1．50（＝300＋30－100－70－30－80）

2．450（＝300＋30＋100＋70＋30－80）

Column コラム

税務会計

法人税法上の課税所得（課税の対象とされる所得の金額）を計算するための会計を，**税務会計**といいます。

課税所得の計算方法は，法人税法に規定があり，当該事業年度の**益金**の額から当該事業年度の**損金**の額を控除することにより計算することとされています（法人税法22条１項）。なお，事業年度とは，かみくだいていえば法人税の計算の対象期間のことで，株式会社の場合，一般に法令または定款で定められた会計期間（一般的に１年間）のことです。

控除をして計算するという点では，企業会計（財務会計）の損益計算，すなわち損益計算書での売上高などの収益から売上原価をはじめ販売費及び一般管理費等の費用や損失を控除して計算するのと似ています。しかし，企業会計と税務会計ではその目的が異なることなどから，通常，課税所得の金額は，企業会計上の利益の金額と一致しません。もっとも，企業会計と税務会計は，それぞれ独立した関係にあるのではなく密接な関係にあるといえます。法人税の納税申告書（確定申告書）は，会社法による株主総会の承認を受け確定した決算（確定決算）にもとづいて作成することとされているのです。

第6章 会計情報の分析の基本(1) —収益性・成長性

1 はじめに

下記のA～Dの金額は，日本の代表的企業の2020年当期純利益を示しています。選択肢のうちどれがどの企業なのか，そしてどの企業がもうかっているか考えてみてください。

選択肢	カルビー，ソフトバンク，トヨタ自動車，ファーストリテイリング

	A	B	C	D
当期純利益	2兆1,423億円	5,067億円	904億円	172億円
企業名	(　　　)	(　　　)	(　　　)	(　　　)

答えは，A：トヨタ自動車，B：ソフトバンク，C：ファーストリテイリング，D：カルビーです。企業の規模をヒントとして考えた人はいるでしょうか。大きな企業ほどたくさんもうかりそうです。金額だけをみると，A社は2兆円を超えて飛び抜けてもうかっているようにみえます。トヨタ自動車は日本最大級の企業なので，利益額も大きいと考えられます。では，逆に利益172億円のD社カルビーは，もうかっていないといえるでしょうか。ポテトチップスで有名な同社は，子どもから高齢者までとても有名な企業ですが，会計的にみると4社のなかでは圧倒的に小さな企業なのです。規模が小さいので利益額も小さくなりがちですが，「企業規模に対してもうける力」は，実は4社中このカルビーがもっとも高いのです。

このように，資産額や利益額といった金額だけでは比較をすることが難しいので，財務諸表の会計数値の比率を計算してさまざまな視点から比較可能にする分析方法を財務比率分析といいます。以下では，まず財務比率分析の全体像を整理したうえで，第６章では収益性・成長性について，第７章では安全性・効率性について重要な財務比率の計算と分析を学んでいきます。

⑴　財務比率分析の意義

企業の経営状況を分析するにあたって，とくに財務諸表から得られる会計数値を中心に分析を行う手法を**財務分析**といいます。本章冒頭の表でみたように，カルビーの利益172億円という会計数値は単純に金額的な意味をもちますが，時系列的な分析や規模の異なる他社との比較は難しいでしょう。そこで，財務分析においては，財務諸表の複数の会計数値間の比率を**財務比率**（**財務指標**ともいいます）として計算します。財務比率を他の比較対象の比率と比較することで，業種の標準指標と比べたり，同社の時系列的な推移を分析したり，複数の企業間での比較を行ったりすることができます。

財務比率分析の種類としては，企業の利益獲得能力を測る**収益性分析**，売上の増加など規模の拡大を測る**成長性分析**，企業が安定した経営を継続しているかを測る**安全性分析**，そして，企業の限られた資本を効率的に活用して大きな成果が得られているかを測る**効率性分析**などに分類することができます。

⑵　財務比率分析の限界

しかし，会計数値を用いた財務比率分析には限界もあることを理解しておく必要があります。まず，会計数値はあくまでも過去の成果を示したものなので，その数値を用いた財務比率分析も将来の収益性や安全性を保証するわけではありません。また，財務諸表を作成するために用いられる計算ルールも多様です。同じような財務比率であったとしても，異なる計算ルールで求められた場合には，比率が示すものが異なってしまうこともありうるのです。つまり，一見，緻密な計算で求められているように思われる財務比率も，完全無欠の正確な指標とはいえないことを理解したうえで，計算したり分析したりする必要があるのです。

さらに，財務諸表は企業活動の経済的成果を集約した情報ではありますが，企業活動を過不足なく会計的に測定することはできません。むしろ，企業活動全体を分析する場合には，財務比率分析に加えて，顧客満足度などの非財務情報や企業戦略などの定性的な情報など，幅広い情報を総合的に分析することが大切になります。

2　収益性分析

収益性（Profitability）とは，企業の「もうける力」である利益獲得能力を示しています。収益性の視点から会計数値の比率を計算する財務比率には，大きく分けて**資本利益率**と**売上高利益率**という２つの利益率分類があります。資本利益率は，たとえば，経常利益÷総資産のように，得られた利益とその獲得のために投下した資本との比率を計算したものです。他方の売上高利益率は，たとえば，営業利益÷売上高のように，稼いだ売上高のうちどれだけ利益が得られているかの比率を計算したものです。資本利益率が全般的な収益性分析に用いられるのに対して，売上高利益率は同社の時系列比較や業界内での評価に用いられる傾向があります。とくに売上高利益率は，業種やビジネスモデルによって比率の特徴が大きく異なるので異業種間での分析には注意が必要です。他に，キャッシュ獲得能力の視点から，利益数値の代わりに営業活動によるキャッシュ・フローを用いた営業キャッシュ・フロー比率も利用されるようになってきました。

3　資本利益率

資本利益率は，投下された資本に対してどれくらいの利益が得られたかを測る比率です。計算に用いる資本（資産）と利益の組み合わせによってさまざまな比率が計算できますが，ここでは，実際の企業評価で非常によく利用されている，総資産利益率と自己資本利益率の２つの比率について説明します。

(1) 総資産利益率

総資産利益率は，ROA（アール・オー・エイ；Return On Assets）ともよばれる非常に重要な収益性の財務比率です。経常利益を総資産額で割って計算します。総資産＝負債＋純資産ですから，総資産額の代わりに負債・純資産合計（総資本）を用いて総資本利益率ということもあります。

$$\text{総資産利益率} = \frac{\text{経常利益}}{\text{平均総資産}} \times 100\ (\%)$$

この財務比率は，企業が運用している総資産額を使って，どれだけの利益が獲得できているかという視点で収益性を評価します。そのため，企業経営を託されている経営者の経営成果を評価することができます。現在の経営者に責任のある利益数値として経常利益を分子に用いており，過去の経営責任や災害に影響を受ける特別利益・特別損失は除外しています。しかし，日本基準以外で作成された損益計算書では，経常利益の代わりに税引前当期純利益を利益数値として用います。

比率の分子が会計期間を通じての利益を集計したものですから，分母の総資産額についても，会計期間の平均額を用いたほうが分母分子の対応が適切になると考えられます。一般には，期首（前期末）と期末の総資産額を平均した平均総資産の数値を分母に用います。ただし，1年分の会計数値しか得られなかった場合，計算しやすさを優先する場合には，期末時点の総資産額が用いられることもあります。同じことが，損益計算書項目と貸借対照表項目の比率を計算する場合に当てはまります。計算式のなかに「平均」金額が含まれている場合は気をつけてください。

この比率が０％未満であれば赤字企業であること，市場預金金利を下回る値であれば事業活動を行うより銀行に預金したほうが確実な利益を獲得できることがわかります。また，業種の平均値と比べたとき，これを上回る企業は利益獲得能力が平均以上であると経営者の経営成果を評価することができます。

カルビーのケース

連結貸借対照表

2019年３月期　（単位：百万円）

資産の部			負債の部		
	2018年3月期	2019年3月期		2018年3月期	2019年3月期
流動資産	104,356	111,858	流動負債	35,405	34,043
（現金及び預金）	23,559	12,992	固定負債	9,961	8,216
（受取手形及び売掛金）	41,749	39,736	負債合計	45,366	42,260
（たな卸資産）	10,748	11,309	純資産の部		
固定資産	87,678	90,891	株主資本	139,383	153,303
			その他の包括利益累計額	−7	627
			純資産合計	146,667	160,490
資産合計	192,034	202,750	負債純資産合計	192,034	202,750

連結損益計算書

2019年３月期　（単位：百万円）

売上高	251,575	248,655
売上原価	142,671	137,534
売上総利益	108,904	111,120
販売費及び一般管理費	82,075	84,156
営業利益	26,828	26,964
営業外収益	428	852
営業外費用	1,078	384
（支払利息）	78	71
経常利益	26,179	27,432
特別利益	193	3,053
特別損失	273	2,016
税金等調整前当期純利益	26,099	28,469
法人税等	9,026	9,094
当期純利益	17,072	19,375

連結キャッシュ・フロー計算書

2019年３月期　（単位：百万円）

営業活動によるキャッシュ・フロー	9,358	27,620
投資活動によるキャッシュ・フロー	−6,258	−28,347
財務活動によるキャッシュ・フロー	−5,450	−6,227
現金及び現金同等物に係る換算差額	−82	184
現金及び現金同等物の増減額	−2,432	−6,769
現金及び現金同等物の期首残高	44,627	42,195
現金及び現金同等物の期末残高	42,195	35,425

Exercise 6－1 ◆2019年３月期カルビーのケース（p.83）をもとに，総資産利益率（ROA）を計算し分析しなさい。

【データ】 総資産（2018）＝192,034，総資産（2019）＝202,750，
経常利益＝27,432（単位：百万円）

解答・解説

当期首（前期末）と当期末の総資産額を平均します。

$$平均総資産 = \frac{192{,}034 + 202{,}750}{2} = 197{,}392$$

総資産利益率を計算します。

$$総資産利益率（ROA）= \frac{27{,}432}{197{,}392} \times 100 = 13.9\%$$

13.9％という利益率は，０％より大きいので黒字であること，2019年の預金金利，年0.01％をはるかに上回っているので事業活動の意義が十分あること，そして，2019年の食料品製造業全体6.13％と比べて倍以上の利益獲得能力があることがわかります。つまり，経営者の経営成果を評価する観点から2019年のカルビーの収益性は，非常に高いといえるでしょう。

⑵ 自己資本利益率

自己資本利益率は，ROE（アール・オー・イー；Return On Equity）ともよばれ，ROAと並んで非常に重要な収益性の財務比率です。株主をはじめとする投資家にとっては，もっとも重視される財務比率ともいわれます。当期純利益を平均自己資本額で割って計算します。**自己資本**は株主資本とその他の包括利益累計額の和で，期首と期末を平均した平均自己資本額を使います。

$$自己資本利益率 = \frac{当期純利益}{平均自己資本} \times 100\ （\%）$$

（自己資本＝株主資本＋その他の包括利益累計額）

この財務比率は，株主の持分（もちぶん）である自己資本額に対して，株主にもたらされ

る最終的な利益である当期純利益がどれだけ獲得できているかを示すもので，株主視点での投資成果を評価することができます。株主視点での投下資本として自己資本の代わりに純資産を用いた純資産利益率や，株主資本を用いた株主資本利益率も同様の投資評価比率として利用されます。

この比率が０％未満であれば赤字企業であること，預金金利を下回る値であれば銀行に預金したほうが安全に利子を獲得できるわけですから，株式投資のリスクに見合った投資成果が得られていないと判断されます。また，業種の平均値と比べたとき，これを上回る企業は，株主から見た投資成果が平均以上であると評価することができます。

Exercise 6－2 ◆カルビーのケース（p.83）で，自己資本利益率（ROE）を計算し分析しなさい。

【データ】（単位：百万円）

株主資本（2018）＝139,383，株主資本（2019）＝153,303，その他の包括利益累計額（2018）＝－7，その他の包括利益累計額（2019）＝627，当期純利益＝19,375

解答・解説

まず，自己資本の期首期末平均額を求めます。

$$\text{平均自己資本} = \frac{139{,}383 - 7 + 153{,}303 + 627}{2} = 146{,}653$$

この平均自己資本を用いて，自己資本利益率を計算します。

$$\text{自己資本利益率（ROE）} = \frac{19{,}375}{146{,}653} \times 100 = 13.2\%$$

13.2％の利益率は，黒字かつ預金金利を大幅に上回っているので，株主としては投資の成果が十分に出ていることがわかります。そして，2019年の食料品製造業全体7.24％と比べて倍近い投資成果が得られていることになります。つまり，2019年時点のカルビーの株主視点の収益性も非常に高いといえるでしょう。

4　売上高利益率

売上高利益率は，損益計算書のそれぞれの利益数値が売上高全体に比してどの程度の割合なのかを計算します。損益計算書には，売上総利益，営業利益，経常利益，当期純利益などがありますから，以下では，それぞれの利益数値を用いた売上高利益率について説明します。

(1)　売上高総利益率

売上高総利益率は，**粗(あら)利益率**ともよばれ，商品の基本的競争力を示す収益性の財務比率です。売上高から売上原価を引いた売上総利益を売上高で割って計算します。

$$\text{売上高総利益率}=\frac{\text{売上総利益}}{\text{売上高}}\times 100\ (\%)$$

（売上総利益＝売上高－売上原価）

商品の企画力や製品の製造効率がよければこの財務比率は大きくなり，小さい場合には利幅の薄い商品と考えられます。売上高総利益率＋原価率＝100％であることから，原価管理の観点から利用されることもあります。

この比率が０％未満であれば商品の粗利(あらり)がマイナスであることから，売れば売るほど赤字が増えることを意味しており，販売活動は危機的な状況であるといえます。なお，売上総利益は業種やビジネスモデルに大きく依存することから，この比率の業種平均も大きな差があります。一般に原価率の高い製造業では比較的小さいことが多いのに対して，原価率の低いサービス業では大きい傾向にあります。たとえば輸送機器製造業では20％程の平均値ですが，金融業の平均値は90％近くあります。よって，この財務比率を異業種間で単純に比較することはできず，通常は同一企業の時系列比較や同業種内での企業比較に利用されます。

Exercise 6－3 ◆カルビーのケース（p.83）で，売上高総利益率を計算し分析しなさい。

【データ】（単位：百万円）

売上高＝248,655，売上総利益＝111,120

解答・解説

売上高総利益率を計算します。

$$売上高総利益率=\frac{111,120}{248,655}\times100=45\%$$

原価率＝100％－45％＝55％

この数値から，カルビーの売上のうち，商品の製造にかかる原価（原材料費，工場での労務費や機械の費用等）は55％であり，差し引き45％の粗利が得られていることがわかります。同社の前年の売上高総利益率は43％でしたから，２ポイント増加しています。カルビーの商品競争力が上がったり，原価低減が行われたりした成果だと思われます。

(2)　売上高営業利益率

売上高営業利益率は，営業活動の収益性を示す財務比率です。単に売上高利益率という場合，この比率を指すことが多くあります。利益数値としては営業利益を用い，売上高で割って計算します。

$$売上高営業利益率=\frac{営業利益}{売上高}\times100\ (\%)$$

この財務比率は，売上高から売上原価と営業費用（販売費及び一般管理費）を控除した営業利益が売上高に占める割合を示すので，商品力と営業力が高ければこの比率も大きくなります。企業の主たる営業活動から得られる売上高営業利益率は，全産業で６～７％を平均としています。売上高総利益率ほどは業種間での差異はありませんが，売上高営業利益率も業種による差異があることから，同一企業の時系列比較や同業他社間での比較が分析の中心になります。

Exercise 6－4 ◈カルビーのケース（p.83）で，売上高営業利益率を計算し分析しなさい。

【データ】（単位：百万円）

売上高＝248,655，営業利益＝26,964

解答・解説

売上高営業利益率を計算します。

$$売上高営業利益率=\frac{26,964}{248,655}\times 100=11\%$$

この比率から，売上高のおよそ1割が営業利益として得られたことがわかります。2019年の食料品製造業の平均が5％ですから，カルビーの本業からの収益性は非常に高いことがわかります。ちなみに同じスナック菓子を製造している湖池屋の売上高営業利益率は2％でしたから，本業の収益性の観点からは，カルビーが圧倒しているといえます。

(3) 売上高経常利益率，売上高当期純利益率

経常的な企業活動の成果を表す経常利益を売上高で割った比率が**売上高経常利益率**，最終的な当期純利益を売上高で割った比率が**売上高当期純利益率**です。それぞれの利益数値が表している利益概念を反映した比率で，前者は営業活動と財務活動等を合わせた通常の事業活動全般の収益性を，後者は特別項目や税金等を考慮した最終的な収益性を表しています。

$$売上高経常利益率=\frac{経常利益}{売上高}\times 100\ (\%)$$

$$売上高当期純利益率=\frac{当期純利益}{売上高}\times 100\ (\%)$$

売上高営業利益率と売上高経常利益率の違いは，営業外の財務活動の収益性が中心ですから，低金利の経済環境では，両比率には大きな差異がない場合が多くみられます。逆に大きな差異がある場合には，営業外の活動にどのような

特徴があるのか注意する必要があります。

5　資本利益率と売上高利益率

第3節と第4節では，代表的な収益性の財務比率分類として，資本利益率と売上高利益率について学んできました。この2つの財務比率には，どのような関係があるのでしょうか。

資本利益率の計算式は，

$$\textbf{資本利益率}=\frac{\textbf{利益}}{\textbf{総資産}}$$

でした。この分母・分子をそれぞれ売上高で割ると，

$$\frac{\dfrac{利益}{売上高}}{\dfrac{総資産}{売上高}}=\frac{利益}{売上高}\times\frac{1}{\dfrac{総資産}{売上高}}=\frac{利益}{売上高}\times\frac{売上高}{総資産}$$

＝売上高利益率×資産回転率

という式に書き直すことができます。つまり，資本利益率を売上高利益率と資本回転率の積に分解することができるわけです。資産回転率とは資産活用の効率性を表す財務比率で，第7章の第4節で学びます。

この分解式から，資本利益率を上昇させるためには，売上に対する収益性を上げて売上高利益率を上昇させる，または，資産を効率的に活用することで資産回転率を上昇させるという2つの方法があることがわかります。

Exercise 6－5 ◆カルビーのケース（p.83）で，総資産利益率（ROA）が，売上高利益率と資産回転率に分解できることを確認しなさい。

【データ】（単位：百万円）

平均総資産＝197,392，売上高＝248,655，経常利益＝27,432

総資産回転率＝1.26回転

解答

総資産利益率（ROA）＝売上高経常利益率×総資産回転率

$$\frac{27,432}{197,392} = \frac{27,432}{248,655} \times 1.26$$

13.9％ ＝ 11.0％ × 1.26

6　成長性分析

企業の事業活動が盛んになるにしたがって規模を表す会計数値も大きくなっていきます。事業活動の規模を示す売上高や資産額などが，どの程度大きくなっているかを測る視点が**成長性分析**です。事業活動の規模は企業の目的である利益の源泉ですから，成長性は収益性の源泉であるともいえます。

(1)　売上高成長率，総資産成長率

事業活動の規模を損益計算書で示しているのが売上高，貸借対照表で示しているのが総資産です。それぞれ，前期から当期の金額への増加額を「前期」の金額で割って増加率を計算します。増加額がプラスであることを前提として成長率とよびますが，増加額がマイナス，つまり規模が減少した場合を含めて増減率とよぶこともあります。

$$\text{売上高成長率} = \frac{\text{当期売上高} - \text{前期売上高}}{\text{前期売上高}} \times 100\ (\%)$$

$$\text{総資産成長率} = \frac{\text{当期総資産} - \text{前期総資産}}{\text{前期総資産}} \times 100\ (\%)$$

売上高成長率がマイナスの場合，売上高が減少しているわけですから，事業活動の縮小の原因に注目して分析する必要があります。売上高成長率がプラスの場合，売上高が増加しているわけですから，事業活動は拡大していることになります。こうした売上高の成長が，企業独自の要因によるのか，業種や産業全体の傾向なのかを測るために平均値と比較することも重要です。業種の成長率よりも企業の成長率が高ければ，企業独自の成長要因があることになりますし，低ければ，業種の事業拡大を活かすことができない問題点がある可能性があります。

総資産成長率も同じように読み取ることができますが，売上高成長率と総資産成長率の関係に注目することも重要です。総資産は事業活動に投下された規模，売上高は総資産を活用した成果として獲得された事業活動の規模ですから，総資産成長率が売上高成長率よりも大きければ，資産拡大が収益拡大につながっておらず，資産活用が効果的に行われていないことがわかります。

Exercise 6－6 ◈カルビーのケース（p.83）と以下のデータをもとに，売上高成長率・総資産成長率を計算し分析しなさい。

【データ】（単位：百万円）

売上高（2018）＝251,575，売上高（2019）＝248,655，

総資産（2018）＝192,034，総資産（2019）＝202,750

解答・解説

売上高成長率・総資産成長率を計算します。

$$\text{売上高成長率}=\frac{248{,}655-251{,}575}{251{,}575}\times 100=-1.16\%$$

$$\text{総資産成長率}=\frac{202{,}750-192{,}034}{192{,}034}\times 100=5.58\%$$

売上高成長率－1.16％はマイナスなので，収益規模は若干の縮小を示しています。同年の食料品製造業全体が1.35％と緩やかに成長していることから，カルビー独自の減収要因があったと考えられます。短期的には問題ない数値ですが，長期的な傾向を注意していく必要はありそうです。逆に総資産成長率は5.58％と

業種全体3.03%よりも大きく，大きな規模拡大を行っていることがわかります。総資産成長率が売上高成長率を大きく上回っているので，少なくとも当期の資産拡大は当期の収益拡大にはつながっていません。次期以降の売上高成長率に資産拡大の効果があるか注目する必要があるでしょう。

(2) 利益増減率と利益率の増減

事業活動の結果として企業や株主が得る利益がどの程度増減しているかは，経営者にとっても株主にとっても重要な会計情報です。売上高成長率と同様に，利益の増減を変化率で表す利益増減率という財務比率があります。

$$\text{利益増減率}=\frac{\text{当期利益}-\text{前期利益}}{\text{前期利益}}\times 100\ (\%)$$

前期と比べた当期の利益額の増加分を前期の利益規模で割って計算した比率です。前期・当期とも黒字，つまりプラスの利益額であれば，この計算式で意図した利益の増減状況を測ることができます。しかし，必ずプラスとなる売上高とは異なり，利益額が0やマイナスの値である場合，計算された比率が意味をもたない状況になってしまうので注意が必要です。

こうした問題点をさけるために，利益の変化を測る際に，利益率の差を計算して増減を表すこともあります。

Exercise 6－7 ◆カルビーのケース（p.83）で，経常利益増減率を計算し分析しなさい。また，A社のデータで，経常利益増減率が適切ではないことを確認しなさい。

【カルビーのデータ】（単位：百万円）

経常利益（2018）＝26,179，経常利益（2019）＝27,432

【A社データ】（単位：百万円）

売上高（2018）＝100,000，売上高（2019）＝110,000，

経常利益（2018）＝－10,000，経常利益（2019）＝20,000

解答・解説

カルビーの経常利益増減率を計算します。

$$経常利益増減率 = \frac{27{,}432 - 26{,}179}{26{,}179} \times 100 = 4.79\%$$

A社の経常利益増減率を計算します。

$$経常利益増減率 = \frac{20{,}000 - (-10{,}000)}{-10{,}000} \times 100 = -300\%$$

カルビーのケースでは，前期・当期ともに利益額がプラスなので，経常利益増減率4.79％は利益が4.79％増加したことを適切に表しています。

A社のケースでは，経常利益額は30,000百万円増加しているにもかかわらず，経常利益増減率が－300％と減少を表しており適切ではありません。これは，前期利益額がマイナスだったために，利益額が増加してもマイナスの増減率が計算されてしまったのです。このように，前期・当期の利益額のプラス・マイナスの組み合わせによって，計算の意味が変わってしまうため，利益増減率を計算する際には注意が必要なのです。

Exercise 6－8 ◆下記のアサヒグループHDのケースを用いて，2017年度の収益性と成長性の財務比率を計算しなさい。

企業名	アサヒグループHD	
連結貸借対照表 (12/31現在)	(単位：十億円) 2016年度	 2017年度
資産の部		
流動資産	635	812
流動資産のうちたな卸資産	(136)	(156)
固定資産	1,451	2,534
資産合計	2,086	3,347
負債の部		
流動負債	820	1,052
固定負債	421	1,142
負債合計	1,240	2,194
純資産の部		
株主資本	814	938
その他の包括利益累計額	22	207
純資産合計	846	1,153
負債純資産合計	2,086	3,347

EDINETコード	E00394	
連結損益計算書 (1/1－12/31)	(単位：十億円) 2016年度	 2017年度
売上高	1,715	2,097
売上原価	1,098	1,295
売上総利益	617	802
販売費及び一般管理費	480	619
営業利益	137	183
経常利益	150	197
税金等調整前当期純利益	150	197
当期純利益	87	139

連結キャッシュ・フロー計算書 (1/1－12/31)	(単位：十億円) 2016年度	 2017年度
営業活動によるCF	154	232
投資活動によるCF	△269	△886
財務活動によるCF	120	662
キャッシュの期末残高	48	58

解答

	財務比率	2017年度
収益性	総資産利益率（ROA）	7.3%
	自己資本利益率（ROE）	14.0%
	売上高総利益率	38.2%
	売上高営業利益率	8.7%
	売上高経常利益率	9.4%
	売上高純利益率	6.6%
成長性	売上高成長率	22.3%
	資産増加率	60.4%
	経常利益増加率	31.3%

Column コラム

決算書（計算書類）と税務調整

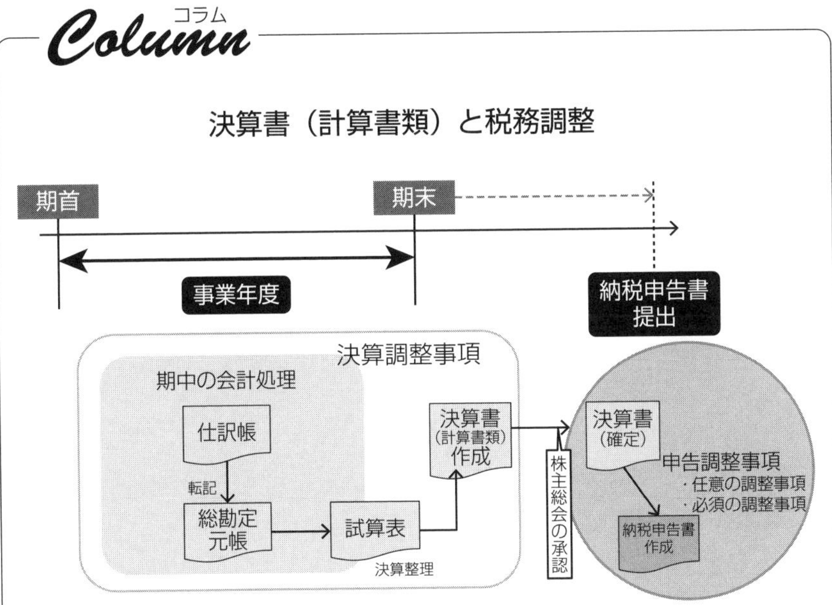

法人税の課税所得の計算にあたり行われる税務調整は，「**決算調整事項**」とよばれる決算書の作成と確定までに関係する作業と，「**申告調整事項**」とよばれる法人税の申告書上で行われる作業の2種類の内容に大別することができます。

決算調整事項とは，損金算入等の取扱いを受けるためには，期中の会計処理または決算整理において一定の経理処理が必要とされており，申告書の上だけで調整することが認められていないものをいいます。費用や損失に関する項目のなかには，法人税法で損金の額に算入する条件として，確定した決算においてあらかじめ費用や損失として計上することを要求している場合があります。たとえば，減価償却費を損金とするためには，企業会計上で減価償却費を認識していなければなりません。なお，会社の確定した決算において費用や損失として経理することを「**損金経理**」といいます。

申告調整事項は，申告書の上だけで調整する事項で，「**任意の調整事項**」と「**必須の調整事項**」があります。任意の調整事項は，会社の選択により（経理処理に関係なく）申告書上で調整を行った場合にのみ適用されるものをいいます。これに対して必須の調整事項は，法令にしたがい当然に申告調整が必要とされる事項のことです。

会計情報の分析の基本(2)—安全性・効率性・総合評価

この章では，前章に引き続いて，財務比率分析の基本として安全性分析と効率性分析について学びます。そして，多角的な財務比率や複数の分析評価を合わせて，総合的に評価する方法について学習します。

1　安全性分析

安全性分析とは，企業経営の存続の可能性を評価する分析視点です。つまり，企業が経営破たんする可能性が高いのか，安定して事業活動を続けられそうなのかを考えることになります。安全性は，その期間によって，短期の安全性と長期の安全性に分けることができます。短期とは，通常1年間の期間をイメージしてください。それ以上の3年とか5年といった中長期の安全性を測るのが長期の安全性ということになります。短期の安全性を測る財務比率には，たとえば流動比率のように，貸借対照表の流動項目や損益計算書の項目間の比率をとるものが中心です。それに対して，長期の安全性には，自己資本比率のように貸借対照表の固定項目間の比率を計算する財務比率が中心となります。最近では，キャッシュ・フロー計算書の会計情報が安全性分析にも活用されるようになってきました。

2　短期の安全性

(1)　流動比率

流動比率は，流動資産が流動負債をまかなうだけの余裕度があるかを測る，短期の流動性比率のなかでももっとも基本的な財務比率です。流動負債は1年以内に支払う義務のある負債でした。対して流動資産は1年以内にお金になりうる資産です。つまり，1年以内の支払い義務を1年以内のお金で支払うことができるかを確かめる比率なのです。流動資産を流動負債で割って計算します。

$$\text{流動比率} = \frac{\text{流動資産}}{\text{流動負債}} \times 100 \ (\%)$$

流動比率は100％が1つの大きな基準値となります。流動比率が100％を超える場合には，流動負債をすべて支払ったとしてもなお流動資産が残ることになります。逆に，100％を下回る場合には，1度に流動負債の支払いを求められれば，流動資産だけでは支払うことができないことになり，短期の支払い能力に不安があるとされます。

一般にこの比率が100％を超えることが望ましいとされますが，あまり大きすぎても余剰な流動資産を保有している可能性があり，200％を超えるようであれば流動資産の構成を確認する必要がある場合があります。また，流動資産を構成する売上債権やたな卸資産などは企業努力で効率化されうるので，100％を下回っていても安全性には全く問題ない場合もあります。単に一時点の値をみるだけでなく，時系列的な変化に注目するとよいでしょう。

Exercise 7－1 ◆カルビーのケース（p.83）で，流動比率を計算し分析しなさい。

【データ】（単位：百万円）

流動資産＝111,858，流動負債＝34,043

解答・解説

$$\text{流動比率} = \frac{111{,}858}{34{,}043} \times 100 = 329\%$$

基準となる100％は十分にクリアしており，短期の支払い能力に不安はないことがわかります。食料品製造業の平均は約190％なので，業界水準を大きく超えた資金の余裕度を表しています。ただし，過度な流動資産の保有は，効果的な資金の使い方ができていない可能性もあり，注意して分析する必要があるかもしれません。

(2)　売上債権回転率

売上債権回転率は，売上債権の回収の効率性を測る財務比率です。売上債権とは，売掛金と受取手形の合計で，販売代金を後日回収するという債権です。売上債権の回収が遅れれば資金的に余裕がなくなり財務的な安全性を欠くことになります。名前のとおりこの比率は回転率という第５節で扱う効率性の財務比率ですが，短期的な資金の安全性を測るという意味から，安全性の財務比率として分類しています。売上高を売上債権で割って計算します。

$$\text{売上債権回転率} = \frac{\text{売上高}}{\text{平均売上債権（売掛金＋受取手形）}} \text{（回転・倍）}$$

この比率は売上債権の何倍だけ年間の売上があるかを計算しています。たとえば，この比率が12倍の場合，１年間に売上債権額の12倍の売上があることを表しています。つまり，１カ月分の売上金額を売上債権として所有していることになります。売上債権の回収が効率的に進むと少ない金額ですむので，この比率が大きくなります。数値が大きいほど代金回収の効率がよく，資金的な安全性が高いといえます。

Exercise 7－2 ◆カルビーのケース（p.83）で，売上債権回転率を計算し分析しなさい。

【データ】（単位：百万円）

売上債権（2018）＝受取手形＋売掛金＝41,749,

売上債権（2019）＝39,736，売上高＝248,655

解答・解説

売上債権の期中平均額を期首・期末平均にて計算します。

$$平均売上債権=\frac{41{,}749+39{,}736}{2}=40{,}742.5\ （単位：百万円）$$

売上債権回転率を計算します。

$$売上債権回転率=\frac{248{,}655}{40{,}742.5}=6.10\ （回転）$$

この計算から1年間の売上高は売上債権がおよそ6回転することがわかります。食料品製造業の場合，卸売り業者や小売業者などに製品を販売するので，代金回収は1～2カ月後となります。2カ月の回収期間だと売上債権回転率は6回転となりますから，カルビーの場合には，2カ月で代金回収していることになります。

(3) インタレスト・カバレッジ・レシオ

インタレスト・カバレッジ・レシオ（ICR）は，利子（利息）支払い能力を測る財務比率です。銀行などの金融機関が貸出先の信用力評価のために利用している指標ですから，金融関係の仕事をしている方や金融機関への就職を希望している学生には必ず理解しておいてほしいと思います。英語でInterest（利子・利息），Coverage（補てん），Ratio（倍率・比率），日本語では利子補てん倍率と訳されるように，借入金に対する支払利息の何倍の利益を獲得できているかを計算します。倍数として計算するので単位はパーセントではなく，何倍となります。

$$\textbf{インタレスト・カバレッジ・レシオ（ICR）}=\frac{\textbf{営業利益＋財務収益}}{\textbf{支払利息}}\textbf{（倍）}$$

この比率が1倍となるのは，分子と分母が等しいときです。つまり，営業活動で獲得した利益と財務活動で獲得した収益の合計額のすべてが，銀行の利払いに回されている状況です。これが1倍を下回っていると，営業利益等では利息の支払いがカバーしきれない危険な状態といえます。貸借対照表の項目（ストック）を使って安全性を分析する比率が多いなか，この比率は損益計算書の項目（フロー）だけで計算している珍しい比率です。

Exercise 7－3 ◆カルビーのケース（p.83）で，インタレスト・カバレッジ・レシオ（ICR）を計算し分析しなさい。

【データ】（単位：百万円）

営業利益＝26,964，営業外収益*＝852，支払利息＝71

*営業外収益の主要な項目は財務収益なので，ここでは財務収益の代わりに営業外収益を使用する。

解答・解説

インタレスト・カバレッジ・レシオ（ICR）を計算します。

$$\mathrm{ICR} = \frac{26{,}964 + 852}{71} = 392\text{（倍）}$$

ICRがとても大きな数値になりました。倍率が高いほど利息支払い能力が高いことになりますが，これほど高いのには理由があります。カルビーはいわゆる無借金企業とよばれる，大規模な銀行借入がない企業なのです。借金がほとんどないのですから当然利息の支払いもわずかで，7千万円の支払利息は売上高2千億円を超える大企業からするとないに等しいといえます。無借金企業についてはICRを計算する意味が小さいといえます。

3　長期の安全性

(1)　自己資本比率

自己資本比率は，調達資金に占める自己調達率を計算し長期的な資金調達の健全性を測る財務比率です。貸借対照表の貸方は，銀行などから借り入れた負債（**他人資本**）と，株主の持ち分である純資産（**自己資本**）という2種類の資金調達源泉が列挙されています。この合計を総資本とよび，借方の総資産と同じ金額になります。自己資本を総資本で割って，資金の自己調達率を計算するのが自己資本比率です。

$$\textbf{自己資本比率} = \frac{\textbf{自己資本}}{\textbf{総資本}} \times 100\ (\%)$$

自己資本＝株主資本＋その他の包括利益累計額

貸借対照表には自己資本という項目はありません。一般的に自己資本に分類されるのは株主資本とその他の包括利益累計額ですから，この２つを合計した金額を**自己資本**として用います。自己資本の代わりに，自己調達の資本金額として株主資本や純資産を分子として計算する，株主資本比率や純資産比率も同じ趣旨の財務比率です。

自己資本比率は，数ある財務比率のなかでもっとも重要な比率の１つです。自己資本比率は，財政状態と経営成績推移を統合した，究極の財務比率といえます。自己資本比率が高いことは，他人資本（負債）が少ないことと自己資本が多いことを裏表として意味します。他人資本が少ないことは，負債の返済義務が少ないことを表すので安全性が高いといえます。また，負債の利息負担も低いことになるので，収益性にとってプラスの影響を与えます。

自己資本が多いことは，資金調達が安定的で安全性を高めているともいえます。また，株主資本のうち過去の累積利益（利益剰余金）が多ければ自己資本が大きくなりますから，過去に高い収益性で利益を積み上げてきた証拠にもなります。そして，株主資本が多ければ，将来多少の損失があっても耐えることができるので，将来の安全性も高いことが期待されます。このように，自己資本比率は，資金調達の安全性と過去から将来にわたる収益性の情報を統合した財務比率であり，極めて重要であることがわかります。

標準的な日本企業の自己資本比率は30％～50％程度といわれています（**図表7－1**）。この比率が小さいほど資金調達が不安定であり，０％であればすべての資本が他人資本である状態で，株主の持分がなくなっている状態です。さらに赤字が続くと自己資本がマイナスとなり「**債務超過**」とよばれる倒産リスクが高い状態になります。過去に経営破たんしたダイエーやJALなどは，その直前には，債務超過におちいっていました。逆に，自己資本比率が高いほど資金調達が安定的となります。究極的には100％ですべての資本が自己資本となりますが，現実には90％程度が上限です。

企業規模が小さい起業時は，信用力が低いので借り入れができず，自己資本比率は高い場合が多いです。事業が順調に拡大し借入金が増えてくると，自己資本比率は低くなっていきます。その後，事業が安定して借入金の返済が進むと自己資本比率は再び上昇し，無借金経営に至る企業もあります。企業のライフサイクルに応じた自己資本比率の分析も興味深いと思います。

図表７－１　自己資本比率のイメージ

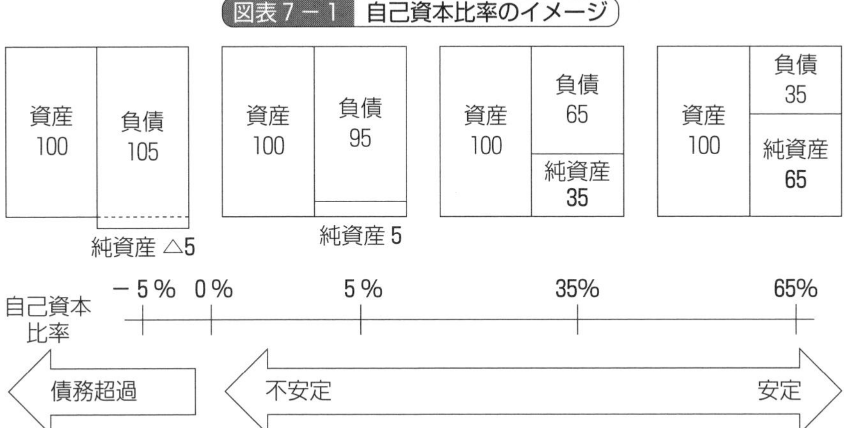

Exercise ７－４　◈カルビーのケース（p.83）で，自己資本比率，株主資本比率を計算し分析しなさい。

【データ】（単位：百万円）

負債純資産合計＝202,750，株主資本＝153,303，

その他の包括利益累計額＝627，純資産合計＝160,490

解答・解説

自己資本＝153,303＋627＝153,930

$$自己資本比率=\frac{153{,}930}{202{,}750}=75.9\%$$

$$株主資本比率=\frac{153{,}303}{202{,}750}=75.6\%$$

$$純資産比率=\frac{160,490}{202,750}=79.2\%$$

自己資本比率75.9％は，資金調達のうち3/4は自己資本でまかなっており非常に安定的であることを表しています。この水準では，ほぼ無借金経営である可能性が高く，実際カルビーは無借金経営企業です。2018年の自己資本比率を計算してみると72.6％です。2018年と比べて2019年には，約３ポイントほど自己資本比率が増加しました。食料品製造業全体では55.3％の自己資本比率ですから，業種としても高い傾向があり，カルビーはさらに業界標準よりも大幅に高く資金調達が非常に健全であるといえます。

株主資本＜自己資本＜純資産であり，総資本に対する各比率も同じ大小関係となっていますが，数値的に大きな違いはありません。

(2) 固定長期適合率

固定長期適合率は，固定資産の資金調達が安定的に行われているかを測る財務比率です。建物や工場などの固定資産は長期にわたる投資であるため，その資金調達も，長期の負債である固定負債と自己資本で返済義務のない純資産によってまかなうことが望ましいでしょう。この比率は固定資産額を長期の資金調達で割ることで計算します。

$$固定長期適合率=\frac{固定資産}{固定負債+純資産}(\%)$$

多くの財務比率は，数値が大きいほど望ましい状態を表しますが，この固定長期適合率は，小さいほうが長期的な安定性は高いという，数値と評価が逆方向の比率です。注意してください。比率が100％であるとき，固定資産の投資金額が長期の資金調達に一致しています。これより数値が大きいとき，固定資産の投資金額が長期の資金調達を超過していることになり，超過分は短期借入に頼っていることになります。たとえば，10億円の工場を建てるのに６億円の長期借入と４億円の短期借入で資金調達したとすれば，毎年短期借入の借り換えを回していく必要があり適切ではありません。この比率が100％を超えていることは，こうした不適切な資金調達を表しており，数値が100％を超えて大きくなるほど不安定となります。

Exercise 7－5 ◆カルビーのケース（p.83）で，固定長期適合率を計算し分析しなさい。

【データ】（単位：百万円）

固定資産＝90,891，固定負債＝8,216，純資産合計＝160,490

解答・解説

$$固定長期適合率=\frac{90{,}891}{8{,}216+160{,}490}=53.9\%$$

固定長期適合率53.9％という数値は100％を大きく下回っており，固定資産のための資金調達は非常に安定的であるといえます。長期の資金調達の半分ほどで固定資産の資金調達ができています。

図表７－２　貸借対照表と安全性比率

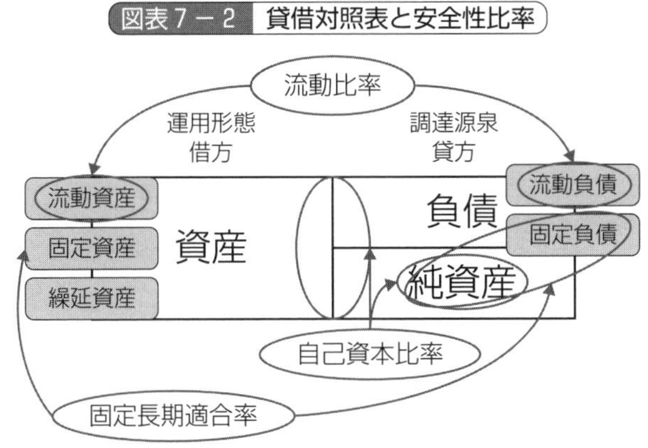

図表７－２は，安全性の財務比率の計算で用いる，分母と分子の組み合わせを図示しています。安全性分析では，短期の安全性を測る流動比率，長期の安全性を測る自己資本比率など，貸借対照表の項目間の比率を計算します。

4　効率性分析

効率性分析とは，事業に投下されている運用資産がどの程度効率的に収益を生み出しているかを評価する分析視点です。効率性の財務比率は，基本的に，**売上高÷資産**という計算式で求められます。期中平均の資産額が売上として1年間に何回回ったのかという意味で**回転率**とよばれます。計算式の分母としてどのような資産等（総資産，売上債権など）を用いるかで，それぞれの資産等の収益獲得の効率性を測ることができます。

(1)　総資産回転率

総資産回転率は，事業に投下されているすべての資産による収益獲得の効率性を測る財務比率です。売上高を総資産で割って計算します。総資産が何回転して売上として回収できたか，総資産の何倍分の売上を獲得できたかという意味で，パーセント表示せずに回転または倍という単位を使います。

$$\textbf{総資産回転率} = \frac{\textbf{売上高}}{\textbf{平均総資産}}\ \textbf{(回転・倍)}$$

この比率は，多くの企業で1回転に近い数値になります。よって，ある企業について総資産がわかれば，およそ同額の売上高が期待されることになります。この比率は数値が大きいほど効率性が高く，小さいほど効率性が低いといえます。1回転を大きく外れるような場合，業種や企業特有の理由があると考えられます。たとえば，不動産業のように資産の回転に時間がかかる業種では総資産回転率は1回転より小さくなる傾向があり，逆に，卸売業のように商品の回転が速い業種では比率が1回転よりも大きくなる傾向があります。

Exercise 7－6 ◆カルビーのケース（p.83）で，総資産回転率を計算し分析しなさい。

【データ】（単位：百万円）

総資産（2018）＝192,034，総資産（2019）＝202,750，売上高＝248,655

解答・解説

期中の平均値として，期首・期末の平均総資産を計算します。

$$平均総資産 = \frac{192{,}034 + 202{,}750}{2} = 197{,}392（百万円）$$

総資産回転率を計算します。

$$総資産回転率 = \frac{248{,}655}{197{,}392} = 1.26（回転）$$

1.26回転の総資産回転率は，１回転に近い標準的な数値といえます。食料品製造業全体でも1.18回転ですから，効率性に問題はないといえます。

(2)　たな卸資産回転率・回転期間

たな卸資産回転率は，たな卸資産の効率的な活用や商品の回転の速さを測る財務比率です。適切なたな卸資産の維持は，企業の販売活動において重要な要素です。無駄な在庫を削減し，商品の回転を速くすることで，たな卸資産の効率性が増すのです。回転率の基本どおり，売上高をたな卸資産で割る計算方法もありますが，商品在庫が販売されると売上原価として計上されることから，売上高の代わりに売上原価をたな卸資産で割って計算するほうが理論的に適切だと考えられます。

$$\textbf{たな卸資産回転率} = \frac{\textbf{売上原価}}{\textbf{平均たな卸資産}}（\textbf{回転}）$$

（代替的な計算方法

$$\textbf{たな卸資産回転率} = \frac{\textbf{売上高}}{\textbf{平均たな卸資産}}$$

）

この比率が12回転の場合，在庫の12倍が1年間の売上原価になっていることを表わしており，たな卸資産は1カ月分の在庫であることになります。回転数が多いほど，効率的に在庫管理ができており，商品の回転が速いといえます。

この比率を，たな卸資産の側面から逆に計算すると，何カ月分の在庫をもっているかを測ることもできます。たな卸資産を売上原価で割って計算するのがたな卸資産回転期間です。期間の単位を月または日に変えるためにそれぞれ計算式があります。

$$\text{たな卸資産回転期間} = \frac{\text{平均たな卸資産}}{\text{売上原価}} \text{（年）}$$

$$\text{たな卸資産回転期間} = \frac{\text{平均たな卸資産}}{\text{売上原価}} \times 12 \text{（月）}$$

$$\text{たな卸資産回転期間} = \frac{\text{平均たな卸資産}}{\text{売上原価}} \times 365 \text{（日）}$$

月単位の回転期間で考えると，効率的な在庫管理を行っている場合1カ月以下の在庫しかもたないことがありえます。回転に時間のかかる商品を扱う企業の場合，3カ月を超える在庫をもっていることもあるでしょう。

Exercise 7－7 ◆カルビーのケース（p.83）で，たな卸資産回転率とたな卸資産回転期間を計算し分析しなさい。

【データ】（単位：百万円）

たな卸資産（2018）＝10,748，たな卸資産（2019）＝11,309，
売上原価＝137,534

解答・解説

期中の平均たな卸資産を期首と期末を平均して計算します。

$$\text{平均たな卸資産} = \frac{10{,}748 + 11{,}309}{2} = 11{,}028.5$$

たな卸資産回転率，回転期間を計算します。

$$\text{たな卸資産回転率} = \frac{137{,}534}{11{,}028.5} = 12.5\ (\text{回転})$$

$$\text{たな卸資産回転期間} = \frac{11{,}028.5}{137{,}534} \times 12 = 0.96\ (\text{月})$$

回転率が12.5回転ということは，１年間でたな卸資産の12倍以上販売されていることになります。回転期間で考えると，平均在庫水準は約１カ月（0.96）の販売分に相当することを表しています。製造業で１カ月を切る在庫しかもたないのは，効率的な在庫管理を行っていると評価されます。

5　総合評価

第６章と第７章では，会計情報の分析として収益性，成長性，安全性，効率性の４つの評価視点から，それぞれ代表的な財務比率による分析について学んできました。１つひとつの財務比率については，計算方法や分析方法について理解できたと思いますが，それら個別の財務比率を合わせて総合的に評価するにはどうすればよいでしょうか。ここでは，財務比率の総合評価方法として，**総合指標の作成**と**総合的な視覚化**の２つの方法について紹介します。

⑴　総合指標

複数の評価基準を統合した総合指標を作成する方法としては，重み付けの得点合計を計算する方法があります。まず収益性の各財務比率を１～５点など得点付けし，重要性の重み付けをかけて合計したものが収益性指標となります。

収益性指標の例＝5×ROA得点＋5×ROE得点＋3×売上高営業利益率得点

この収益性指標の例では，資本利益率得点を重視して大きな重み（各５倍）を付けています。安全性など他の評価視点についても同様に評価指標を作成します。

それぞれの評価指標を１～５点など得点付けし直して，重要性の重み付けをかけて合計したものが総合指標になります。

総合指標の例＝5×収益性指標得点＋3×安全性指標得点
＋成長性指標得点＋効率性指標得点（点）

この総合指標の例では，収益性にもっとも大きな重み（５倍）を付け，次いで安全性に３倍，成長性と効率性には１倍の重みを付けて合計しています。収益性や安全性を重視した総合指標だといえます。

財務比率や評価指標の得点化は，値の範囲を５等分して良好なものから５点，４点と得点付けしていく方法がもっとも簡単ですが，統計的な換算手法を使う場合もあります。同じく，各比率や指標の重み付けも，分析者の主観で５倍，３倍と付けていく方法がもっとも簡単ですが，統計的な多変量解析手法を使った高度な計算が行われる場合もあります。これら得点化や重み付け合計の計算プロセスに統計学的な分析手法を用いた本格的な総合指標の例として，東洋経済新報社の「東洋経済上場企業財務力ランキング」や日本経済新聞社の「NICES（ナイセス）」などがあります。

(2) 視覚化

上記のような数値計算ではなく人間の直感的な視覚的判断力によって，複数の評価基準を総合的に評価する方法もあります。人間が詳細な数値を高速で処理する能力は限られていますが，視覚的な情報を直感的に処理する能力は高いといわれています。財務分析の視覚化でもっともシンプルな手法は**レーダーチャート**です（**図表７－３**）。レーダーチャートは，正多角形のクモの巣のような形のなかに，中心から各項目に点を打ち隣り同士を結ぶことで複数の評価基準からなる多角形を描くことができます。この多角形の面積によって総合的な良否を直感的に判断したり，形状の特徴から直感的な分類をしたりすることもできます。

図表７－３のレーダーチャートからは，Ａ社は面積が広く各項目の値も揃っていることから，安定的な優良企業であることが読み取れます。他方Ｂ社は縦につぶれて横に広がっている面積のせまい多角形グラフであることから，総合

的な評価バランスよりも成長性などに期待が集まっている新興企業であることが読み取れます。こうした特徴的な図形パターンを積み重ねていけば，細かい財務比率を読み込むよりも，視覚的・直感的に企業の財務分析ができるようになります。

図表７－３　視覚化の例（レーダーチャート）

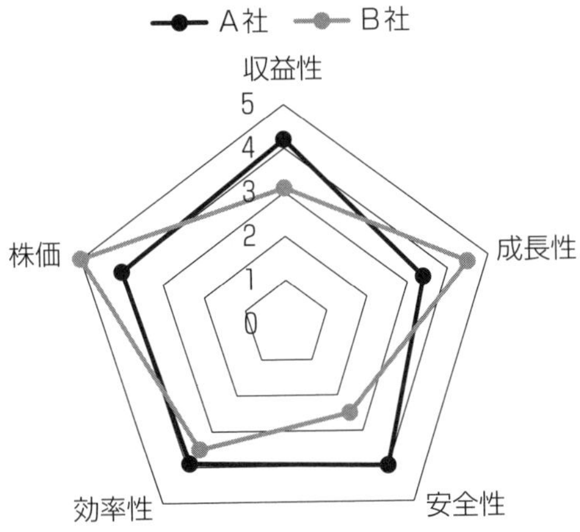

本格的な財務会計コンピュータシステムでは，これら複数の指標を視覚化したグラフ等を配置した**EIS**（**Executive Information Systems**）あるいは**経営ダッシュボード**とよばれる表示システムもあります。

Exercise 7－8　◆第６章のExercise ６－８のアサヒグループHDのケース（p.94）で，2017年度の安全性と効率性の財務比率を計算しなさい。なお，売上債権，財務収益，支払利息については，以下のデータを使うこと。

【データ】（単位：十億円）

売上債権（2016）＝397，売上債権（2017）＝433，財務収益＝24，

支払利息＝10

解答

	財務比率	2017年度
安全性	流動比率	77.2%
	売上債権回転率	5.0回転
	ICR	20.7倍
	自己資本比率	34.2%
	固定長期適合率	110.4%
効率性	総資産回転率	0.77回転
	たな卸資産回転率	8.3回転
	たな卸資産回転期間	1.4月

Column コラム

デジタル・マーケティング（セールステック）による管理会計の革新

デジタル・マーケティングによる，産業構造の変化は，その影響が甚大です。国内では「**第４次産業革命**」（経済産業省）と表現されることもあります。18世紀末以降の水力や蒸気機関による工場の機械化である第１次産業革命，20世紀初頭の分業にもとづく電力を用いた大量生産である第２次産業革命，1970年代初頭からの電子工学や情報技術を用いた一層のオートメーション化である第３次産業革命に匹敵するほどの大きな地殻変動が現在，進行しているのです。

企業の目線で考えた場合に，デジタル・マーケティングの要素として重要なのは，①個別顧客の動向の識別，②アドテクノロジーの進化，③メディアの多様化などでしょう。

①の個別顧客の識別によって，自社ウェブサイトにアクセスした未知の来訪者情報（IPアドレス，Cookie情報）を自動保存し，何らかのきっかけ（たとえば顧客からの資料請求，決済手続きなど）で名前とメールアドレスに紐づけることで自社ウェブサイトでの回遊履歴の確認ができます。サイト内での行動履歴が観察できれば，顧客動線をどう設計するのが効果的かわかってしまいます。何人の訪問者がどのページから流入し，次にどのページを閲覧したかという行動を丹念に追うことで動線の適切な見直しや再設計ができます。

②のアドテクノロジーとは，インターネット広告に関連する技術革新全般を指す言葉です。重要なのは，広告効果のトラッキング技術（リアルタイムにユーザーのレスポンスが把握でき，広告効果の測定が可能），配信技術（ターゲットユーザーごとに個別の広告配信を実現）でしょう。個別の顧客ごとに表示する広告を事前に設定して，柔軟に使い分け，それが正解であったかどうか検証できるようになりました。

③のメディアの多様化とは，製品・サービスの販売に利用可能なメディアの選択肢が広がったことです。テレビCM，新聞，雑誌広告などのペイドメディア（Paid Media）に加えて，オウンドメディア（Owned Media），アーンドメディア（Earned Media）を適切に組み合わせることができます。テレビ，ラジオ，新聞，雑誌などマスメディアは，課金が必要なペイドメディアに含まれます。自

社でコントロール可能なオウンドメディアには，自社ウェブサイト，ブログ，メルマガなどが含まれます。顧客や一般消費者からの評判によって形成されるアーンドメディアの具体例としては，各種SNSがあります。

これまで管理会計の理論では，生産プロセスにくらべて，販売プロセスが正面から議論される機会はあまりありませんでした。その理由は，顧客動向がブラックボックスで，プロセスが可視化できていなかったためです。従来は，顧客集団をマス（ひと塊）として扱うのが精いっぱいで，個別顧客に対するきめ細やかな取り組みができませんでした。今は状況が大きく変わりました。デジタル・マーケティングの普及にともない，個別顧客動向に関するデータの収集，蓄積，分析が可能となっています。

セールステックとは，ITを活用して営業活動の生産性を高め効率化を図る手法をいいます。営業（＝Sales）と技術（＝Technology）をかけあわせた造語です。デジタル化によって収集できるデータが桁違いに増えたことによって，マーケティング分野にも会計数値によるコントロールが適用できるようになりました。

会計情報の作成方法(1)—複式簿記の基礎

1　複式簿記の5つの計算対象

会計は，いろいろな企業や組織の経済活動を金額によって測定します。会計の役割は，企業や組織がどのような活動を行っているのか，どの程度の成果をあげられたのかを確認できるようにするとともに，報告書（**財務諸表**または**決算書**といいます）によって，さまざまな利害関係者に伝達することだといえるでしょう。どのような理由でいくらもうかったのか，どんな財産があるのかは，会社を深く知るうえで不可欠な情報です。

会計には，さまざまな計算技法があります。企業活動をつかまえるために用いられる会計技法のなかで，もっとも重要なのは，**複式簿記**（英語では，Double-Entry Bookkeeping Systemといいます）の技術です。本章と次章では，会計の基礎を形成する代表的な計算技術である，複式簿記について勉強します。第8章では，基礎概念に加えて，決算整理を含まない問題状況，第9章では決算整理を必要とする問題状況を扱います。

前の章でも説明がありましたが，重要なことなので繰り返しておきましょう。さまざまな活動が会計記録の対象となりますが，会計記録の対象は，以下の5つのグループに分類されます。

1つめのグループは，**資産**（Asset）です。企業が事業活動を営むために所有する，プラスの財（言い換えれば対価を支払って取得したモノまたは権利）を「資産」といいます。具体的には，現金，銀行預金，売掛金（売上債権），商品，土地，建物，機械装置，貸付金（かしつけきん）などがあります。

2つめのグループを**負債**（Liability）といいます。他者から調達した資金のことです。「借金」だと思えばよいでしょう。負債は，いずれかのタイミングで返済しなければならないため，プラスの財産である資産に対して，マイナスの資産として考えることもできます。具体的には，借入金，買掛金（営業債務）が該当します。

3つめのグループは，**資本（Equity）**です。資本を，**純資産（Net Asset）**と言い換える場合もあります。会社が運用する資金のうち，返済義務を負わない部分です。資本は，正味の財産としての性格をもっています。正味の財産といわれても，すぐには理解できないかもしれません。資産全部を合計した金額から負債全部を合計した金額を差し引いた残りの金額が，正味の財産です。つまり，資産から負債を差し引いた残りが，資本になります。資本の例としては，株主から払い込まれた資本金や資本準備金，獲得した利益を社内に留保した利益準備金や利益剰余金などがあげられます。

4つめのグループは，**収益（Revenue）**です。収益は，会社の財産（資本）を増加させる原因をいいます。収益の例としては，商品売買益，受取利息，有価証券売却益，固定資産売却益などが当てはまります。

5つめのグループが，**費用（Expense）**です。費用は，収益の逆で，会社の財産（資本）を減少させる原因をいいます。費用の例としては，給料，減価償却費，支払利息，支払家賃，水道光熱費，広告宣伝費，有価証券売却損，固定資産売却損などが該当します。

会社にお金が入る要因となるものが収益で，会社からお金が出ていく要因となるものが費用です。ある期間の収益と費用との差額から，会社がどれだけもうけられたかが算出されます。一定期間に稼ぐことのできた会社のもうけのことを**利益（Profit）**といいます。会社は，利益を獲得することを目指しているので，通常は，収益>費用となることが期待されます。しかし，残念ながら，場合によっては，収益<費用となり，収益が費用を下回ってしまうこともあります。利益がマイナスになってしまった際には，その金額を**損失**とよんで区別します。すでに学んだように利益と一口にいってもさまざまな種類があります。最終的な成果をとくに当期純利益（マイナスの場合は，当期純損失）といいます。

2　2つの財務諸表

現代では企業活動は複雑で，抽象度を高めないと全体像をつかまえることができません。会計では，資産，負債，資本，収益，費用の5つの要素の変化に注目することで，貸借対照表，損益計算書という2つの財務諸表に要約することができます。

第3章で学んだように，**貸借対照表**（Balance Sheet）とは，一定時点における企業の財政状態を明らかにするために作成される財務諸表です。**財政状態**とは，企業に投入された資金がいくらで，どのように用いられているか，資金はどのような源泉から調達されたかを意味します。貸借対照表は，特定時点でその企業が保有する，すべての資産，負債，資本の有高を明示することができます。一般的なレイアウトとして，左側には資産が，右側には負債と資本が記載されます。B/Sと略記されます。

第4章では，**損益計算書**（Income StatementまたはProfit and Loss Statement）は，一定期間における企業の**経営成績（業績）**を明らかにする財務諸表だと学習しました。経営成績とは，企業がどのような事業を営んで，どれだけの利益を獲得することができたかという意味です。損益計算書では，企業にかかわる，特定期間内のすべての収益とすべての費用とが源泉別に表示され，両者の差額としての**当期純損益**（**当期純利益**または**当期純損失**）が記載されます。**勘定式**（かんじょうしき）（勘定形式）とよばれるレイアウトと**報告式**（報告形式）とよばれるレイアウトがあります。勘定式レイアウトの場合は，左側には費用（と利益）が，右側には収益（と損失）が記載されます。P/Lと略記されることがあります。

貸借対照表と損益計算書を作成してみましょう。まずは，Exercise 8－1で貸借対照表をつくってみましょう。

Exercise 8－1 ◆以下に示す，20X1年12月31日現在における，吉祥寺商店のデータにもとづいて，同社の貸借対照表を作成してください。資本金の金額は各自計算すること。単位はすべて円。

【データ】 売掛金100，現金200，土地350，借入金500，建物150，
資本金（各自計算）

解答・解説

貸借対照表の一般的なレイアウトとして，左側には資産が，右側には負債と資本が記載されることから，計算データを整理すると以下のようになります。貸借対照表の左側に，企業が所有する資産がすべて示されているのは前述のとおりです。これは，調達した資金の運用形態を表現しています。貸借対照表の右側は，企業が事業に投入する資金をどのような方法で集められたか，言い換えれば，資金の調達源泉を示しています。資本金の金額は，ここでは，資産合計800から負債合計500を引いて算出します。貸借対照表を参照すれば，企業の財政状態を把握することができます。一定時点での会社の財政状態を表示することから，決算日と社名を記入します。

貸借対照表

吉祥寺商店　　20X1年12月31日

（単位：円）

資産	金額	負債・資本	金額
現　　金	200	借　入　金	500
売　掛　金	100	資　本　金	300
土　　地	350		
建　　物	150		
合　　計	800	合　　計	800

次に損益計算書をつくってみましょう。

Exercise 8－2 ◆以下に示す，20X1年１月１日から12月31日までの，吉祥寺商店のデータにもとづいて，同社の損益計算書を勘定式（勘定形式）で作成してください。当期の成果である利益（当期純利益）の金額は各自計算すること。単位はすべて円。

【データ】 受取手数料810，支払家賃290，給料350，受取利息30，
当期純利益（各自計算）

解答・解説

勘定式の場合，損益計算書のレイアウトは，左側には費用が，右側には収益が記載されます。左右の差額が，当期純利益となります。一定期間における利益（損失）の発生状況を総括して，経営成績（または業績）といいます。収益の合計840から費用の合計640を引くと，当期純利益200が求められます。損益計算書を参照すれば，企業の経営成績が把握できます。損益計算書は会社の経営成績を表示しますが，期ごとに業績は変動します。社名と期間を明記する必要があります。

損益計算書

吉祥寺商店　　20X1年1月1日から12月31日

（単位：円）

費用	金額	収益	金額
支払家賃	290	受取手数料	810
給　　料	350	受取利息	30
当期純利益	200		
合　　計	840	合　　計	840

3　計算要素間に成り立つ3つの等式

(1)　貸借対照表等式

企業は投資家（出資者）から資金を調達して事業を開始します。投資家から調達した金額が十分でなければ，銀行などの金融機関から借入金を借りてくる必要があります。投資家が出資した金額が，資本（自己資本とよばれることもあります）に相当します。資本に対して，金融機関から調達した金額が負債（他人資本とよばれることがあります）です。企業では，資本と負債によって調達した金額で，事業に必要な資産を買いそろえます。企業が運用している資金の合計は，調達した資金の合計に一致します。貸借対照表に記載される3つの計算対象である資産，負債，資本の間には，以下の等式が常に成り立つことがわかります。

資本＝資産－負債

この式を書き換えると，

資産＝負債＋資本（式①）

となります。式①は，貸借対照表の構造に対応しているため，**貸借対照表等式**とよばれることがあります（第３章p.26参照）。

⑵　損益計算書等式（損益法による損益計算）

収益は営業活動によって得られた成果です。費用はその成果を得るために費やされた努力を金額的に示しています。収益と費用の差額が，一定期間の成果を示す，利益になります。このことから，収益，費用，利益の間には，以下のような等式が常に成り立ちます。

収益－費用＝利益（第４章p.45参照）

この式を書き換えると，

費用＋利益＝収益（式②）

となります。式②は，損益計算書のレイアウトに対応しているため，**損益計算書等式**ということがあります。利益の計算方法には，２種類のアプローチがあります。式②にもとづく損益計算を**損益法**といいます。利益がマイナスの場合は，その金額は**損失**といいます。

⑶　財産法による損益計算

会社は継続的に事業を営んでいますが，どこかで適当に区切りをつけないと財政状態や経営成績をチェックできません。企業会計において，財務諸表作成の対象の期間を**会計期間**といいます。会計期間ごとに，時間的な区切りをつくって，損益計算を実施します。会計期間は自由に設定することが可能ですが，暦のうえでもっとも区切りがよいのは１年単位でしょう。会計期間を１年間とするのが，一般的です。会計期間は，事業年度ともよばれ，官公庁，地方公共団体では会計年度という表現が使われたりします。

会計期間の最初の時点を**期首**といいます。会計期間の最後の時点が，**期末**です。3月決算の会社を例に考えてみましょう。3月決算では，4月1日から翌年の3月31日までの1年間を会計期間として設定します。この場合，会計期間の最初の日である4月1日が期首，会計期間の最後の日である3月31日が期末となります。会計期間の最後の日である3月31日を決算日ということがあります。3月決算の会社は多いですが，9月決算，12月決算を採用している会社もあります。12月決算では，1月1日から12月31日の1年間が会計期間となり，期首は1月1日，期末が12月31日となります。

期首時点での貸借対照表を期首貸借対照表，期末時点での貸借対照表は期末貸借対照表といいます。企業活動は連続していますので，当期の期末は，次期の期首と同じです。

たとえば，下記のように，期首に資本が800あったとします。1年間の企業活動の成果で，期末には，900になったケースを考えてみましょう。

期首貸借対照表

期首資産	1,500	期首負債	700
		期首資本	800

期末貸借対照表

期末資産	2,000	期末負債	1,100
		期末資本	900

当初，800だった資本が，1年後には900になっていることから，100（＝900－800）ほど，資本が増加していることがわかります。増加した100は，期首から期末までの経営活動の結果によりもたらされたもうけ（利益）に相当します。

このように期首と期末の貸借対照表を比較することで，企業活動の結果によりいくら利益が獲得でき，資本が増加したかを計算することができます。

数式で表現すると以下のようになります。

期末資本－期首資本＝利益（マイナスの場合は損失）

上記の等式の期首資本を右辺へ移項して書き換えると次のようになります。

期末資本＝期首資本＋利益（式③）

式③のように，期末資本と期首資本との差額として損益計算する方法を**財産法**といいます。式③を用いて，期末貸借対照表の期末資本を書き換えると以下のようになります。

期末貸借対照表

期末資産	2,000	期末負債	1,100
		期末資本	900

期末貸借対照表

期末資産	2,000	期末負債	1,100
		期首資本	800
		利益	100

4　基本3式を用いた問題演習

知識が定着できたかを確認するために問題演習をしてみましょう。

Exercise 8－3 ◆以下の⑴～㉔を資産，負債，資本，収益，費用の各カテゴリーに分類せよ。

⑴現金，⑵給料，⑶広告宣伝費，⑷支払家賃，⑸受取家賃，⑹受取手数料，⑺借入金，⑻資本金，⑼買掛金，⑽貸付金，⑾支払利息，⑿備品，⒀交通費，⒁車両運搬具，⒂土地，⒃受取利息，⒄建物，⒅水道光熱費，⒆通信費，⒇銀行預金，㉑売掛金，㉒商品，㉓機械設備，㉔支払手数料

解答・解説

各カテゴリーの属性にもとづき以下のように分類されます。

資産　⑴，⑽，⑿，⒁，⒂，⒄，⒇，㉑，㉒，㉓

負債　⑺，⑼

資本　⑻

収益　⑸，⑹，⒃

費用　⑵，⑶，⑷，⑾，⒀，⒅，⒆，㉔

Exercise 8－4 ◆荻窪商店における20X1年12月31日現在の財政状態および同年中（１／１～12/31）の経営成績は，以下のとおりです。期末（12/31）の貸借対照表と同年中（１／１～12/31）の損益計算書を作成してください。ただし，期首（１月１日）の資本金は，9,000でした。貸借対照表では，資本金と当期純利益とを分けて表示すること。単位はすべて円。

【データ】　借入金700，貸付金350，買掛金600，受取手数料4,000，建物1,000，給料3,500，売掛金550，受取利息1,000，商品400，支払家賃1,300，現金3,000，銀行預金4,000，土地1,200

解答・解説

資産，負債，資本，収益，費用を分類し，貸借対照表と損益計算書のレイアウトにしたがって並び替えて配置すれば下記のようになります。

貸借対照表

荻窪商店　　20X1年12月31日

（単位：円）

資産	金額	負債および資本	金額
貸付金	350	借入金	700
建物	1,000	買掛金	600
売掛金	550	資本金	9,000
商品	400	当期純利益	200
現金	3,000		
銀行預金	4,000		
土地	1,200		
合計	10,500	合計	10,500

損益計算書

荻窪商店　　20X1年１月１日～12月31日

（単位：円）

費用	金額	収益	金額
給料	3,500	受取手数料	4,000
支払家賃	1,300	受取利息	1,000
当期純利益	200		
合計	5,000	合計	5,000

資産の合計を計算すると10,500です。同様に，負債の合計は1,300です。式①によって，両者の差額から，期末資本は，9,200であることがわかります。また，計算条件から，期首資本は，9,000です。式③を用いて，期末資本と期首資本の差額で，当期の利益を計算すると9,200－9,000＝200となります。「貸借対照表では，資本金と当期純利益とを分けて表示すること」が求められていますので，資本金と当期純利益を分けて書くことに注意してください。

Exercise 8－5 ◆次の表の空欄(ア)～(ク)に正しい金額を入れてください。損失がでた場合は，利益欄の数字にマイナスをつけてください。

	期首			期末			当期		
	資産	負債	資本	資産	負債	資本	収益	費用	利益
1	350	290	ア	イ	300	ウ	490	500	エ
2	オ	500	カ	900	キ	480	ク	120	50

解答・解説

式①～③を用いて空欄の数字を計算してください。以下のようになります。

(ア)	60	(イ)	350	(ウ)	50	(エ)	△10
(オ)	930	(カ)	430	(キ)	420	(ク)	170

5　簿記一巡の手続き

企業に関連するさまざまな取引を複式簿記によって会計データに変換し，財務諸表としてアウトプットするプロセスを「**簿記一巡**（ぼきいちじゅん）**の手続き**」といいます。**取引**はまず，**仕訳帳**に記帳します。仕訳帳に記帳した仕訳データは，項目ごとに集計するために**総勘定元帳**に**転記**します。会計期間の最後には，必要な決算整理を実施し，財務諸表を作成します。複式簿記では，この一連のプロセスが毎期毎期，繰り返されます。

簿記一巡の手続きを図示すると**図表8－1**のようになります。

図表8－1　簿記一巡の手続き

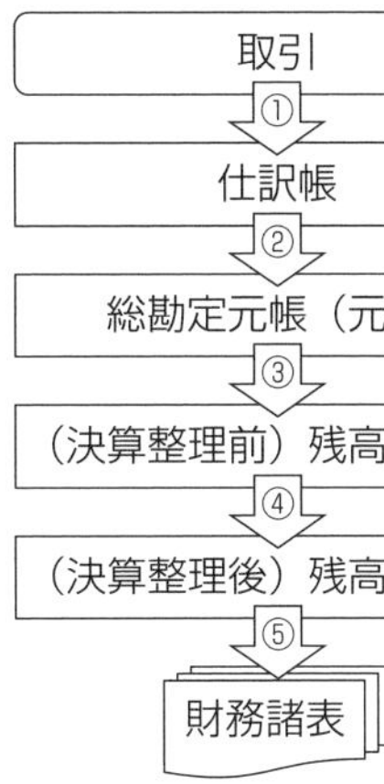

取引
↓①
仕訳帳
↓②
総勘定元帳（元帳）
↓③
（決算整理前）残高試算表
↓④
（決算整理後）残高試算表
↓⑤
財務諸表

取引は最初に左右の要素に分解され，仕訳帳に記録します。ステップ①を仕訳といいます。

仕訳帳に記録されたデータは，時系列になっているので，これを総勘定元帳に転記します。上記の図表8－1ではステップ②が該当します。転記とは，ある帳簿から他の帳簿へ記録した内容を書き写すことです。各項目を集計する単位を勘定といいます。

会計期末の財政状態や会計期間内の経営成績を明確にするための手続きを決算といいます。決算のためには，各勘定の残高から**残高試算表**（Trial Balance）を作成します。試算表を**T/B**と略記することがあります。決算のためには，日々の記録内容を修正する手続きが必要な場合があります。これを**決算整理**といいます。総勘定元帳から，決算整理を施していない残高試算表を作成するのがステップ③です。決算整理手続きは，ステップ④として示されています。決算整理が実施されると決算整理後の残高試算表が作成されます。これが，ステップ⑤です。決算整理後の残高試算表をもとにして財務諸表を作成します。この一連の流れが簿記一巡の手続きです。最初に決算整理を必要としない練習問題で具体的な作業手順を確認してみましょう。

Exercise 8－6 ◆20X1年における，次の取引について以下の設問に答えてください。単位はすべて円です。

【取引データ】

3／1　現金10,000を元入れして（資本金として），武蔵境商会を開業した。

3／5　商品売買の仲介業務を行い手数料5,000を受け取った。代金は現金で回収した。

3／10　銀行より現金20,000を借入れた。

3／25　従業員に給料2,900を現金で支払った。

3／30　今月分の店舗家賃1,900を現金で支払った。

【設問】

(1)　各取引を仕訳してください。

(2)　各取引を元帳（総勘定元帳）のそれぞれの勘定口座に転記してください。

(3)　20X1年３月31日現在の残高試算表を作成してください。

(4)　20X1年３月31日現在の貸借対照表を作成してください。

(5)　20X1年３月１日から３月31日までの損益計算書を作成してください。

解答・解説

前述したとおり，企業会計では，取引を資産，負債，資本，費用，収益の５つのグループごとに一定のルールにしたがって整理します。いちばん最初の仕訳では，取引を左右の取引要素に分解します。左右の合計金額は常に一致します。左側を借方（かりかた），右側を貸方（かしかた）ということがあります。

貸借対照表，損益計算書のレイアウトにあわせて，以下のように処理されます。

左（借方）に記入するのは，資産の増加，負債の減少，資本の減少，費用の発生の４つです。

右（貸方）に記入するのは，資産の減少，負債の増加，資本の増加，収益の発生の４つです。

このルールにしたがって仕訳をしてみましょう（ステップ①）。

(1)　仕訳

日付	借方	金額	貸方	金額
3／1	現　　金	10,000	資 本 金	10,000

3/5	現　　金	5,000	受取手数料	5,000
3/10	現　　金	20,000	借　入　金	20,000
3/25	給　　料	2,900	現　　金	2,900
3/30	支払家賃	1,900	現　　金	1,900

次に総勘定元帳に転記をします（ステップ②）。

(2)　元帳（総勘定元帳）

現　　金

3/1	10,000	3/25	2,900
3/5	5,000	3/30	1,900
3/10	20,000		

借　入　金

		3/10	20,000

支払家賃

3/30	1,900		

受取手数料

		3/5	5,000

給　　料

3/25	2,900		

資　本　金

		3/1	10,000

各勘定の残高を計算し，残高試算表を作成します（ステップ③）。

残高とは，各勘定の借方合計と貸方合計の差額（貸借差額）をいいます。借方合計>貸方合計であれば，借方に残高が残ります。借方合計<貸方合計であれば，貸方に残高が残ります。残高試算表は以下のようになります。

(3)

残高試算表

20X1年3月31日

借方	勘定科目	貸方
30,200	現　　金	
	借　入　金	20,000
	資　本　金	10,000
	受取手数料	5,000
1,900	支払家賃	
2,900	給　　料	
35,000	合　　計	35,000

今回の計算問題は，決算整理が必要ない問題状況となっています。ステップ④は不要となります。

残高試算表から，財務諸表（貸借対照表と損益計算書）を作成します（ステップ⑤）。

(4)

貸借対照表

武蔵境商会　　20X1年3月31日

（単位：円）

資産	金額	負債・資本	金額
現　　金	30,200	借 入 金	20,000
		資 本 金	10,000
		当期純利益	200
合　　計	30,200	合　　計	30,200

(5)

損益計算書

武蔵境商会　　20X1年3月1日～3月31日

（単位：円）

費用	金額	収益	金額
支払家賃	1,900	受取手数料	5,000
給　　料	2,900		
当期純利益	200		
合　　計	5,000	合　　計	5,000

Exercise 8－7 ◆以下の空欄(ア)～(コ)に適切な語句を補充してください。損失の発生は，考えなくてよいものとします。

式①　資本＝(ア)－(イ)　⇔　資産＝(ウ)＋資本

式②　収益－(エ)＝(オ)　⇔　費用＋(カ)＝(キ)

式③　期末資本－(ク)＝(ケ)　⇔　期末資本＝(コ)＋利益

解答・解説

基本となる式①～③にもとづき，解答します。以下のようになります。

(ア)　資産　　(イ)　負債　　(ウ)　負債　　(エ)　費用

(オ)　利益　　(カ)　利益　　(キ)　収益　　(ク)　期首資本

(ケ)　利益　　(コ)　期首資本

Exercise 8－8 ◆20X1年における，次の取引について以下の設問に答えてください。単位はすべて円です。

【取引データ】

3月1日　現金15,000を元入れして（資本金として），三鷹商会を開業した。

3月4日　商品売買の仲介を行い，手数料3,000を現金で受け取った。

3月25日　従業員に給料1,500を現金で支払った。

3月30日　今月分の家賃1,100を現金で支払った。

【設問】

(1)　各取引を仕訳しなさい。

(2)　各取引を元帳（総勘定元帳）のそれぞれの勘定口座に転記しなさい。

(3)　20X1年3月31日現在の残高試算表を作成しなさい。

(4)　20X1年3月31日現在の貸借対照表を作成しなさい。

(5)　20X1年3月1日から3月31日までの損益計算書を作成しなさい。

解答

(1)　仕訳

日付	借方	金額	貸方	金額
3/1	現　金	15,000	資本金	15,000
3/4	現　金	3,000	受取手数料	3,000
3/25	給　料	1,500	現　金	1,500
3/30	支払家賃	1,100	現　金	1,100

(2)　元帳（総勘定元帳）

現　金

3/1	10,000	3/25	1,500
3/4	7,000	3/30	1,100

支払家賃

3/30	1,100		

受取手数料

		3/4	3,000

給　料

3/25	1,500		

資本金

		3/1	15,000

(3)

残高試算表

20X1年３月31日

借方	勘定科目	貸方
15,400	現　　　金	
	資　本　金	15,000
	受取手数料	3,000
1,100	支払家賃	
1,500	給　　　料	
18,000	合　　　計	18,000

今回の計算問題は，決算整理が必要ない問題状況となっています。ステップ④は不要となります。

残高試算表から，財務諸表（損益計算書と貸借対照表）を作成します（ステップ⑤）。

(4)

貸借対照表

三鷹商会　　20X1年３月31日

（単位：円）

資産	金額	負債・資本	金額
現　　　金	15,400	資　本　金	15,000
		当期純利益	400
合　　　計	15,400	合　　　計	15,400

(5)

損益計算書

三鷹商会　　20X1年３月１日～３月31日

（単位：円）

費用	金額	収益	金額
支払家賃	1,100	受取手数料	3,000
給　　　料	1,500		
当期純利益	400		
合　　　計	3,000	合　　　計	3,000

会計情報の作成方法(2)—決算整理

1　決算整理とは

決算整理は当期の正しい利益を計算し，財務諸表作成の基礎となる数字を確定する作業です。すでに記録された数字に必要があれば，修正を加えます。第8章では，複式簿記の基礎について勉強するとともに，決算整理を含まない問題を扱いました。第9章では，決算整理の手続きについて，学習します。図表8－1（p.125）で示した下記の矢印④に相当するのが，決算整理手続きです。

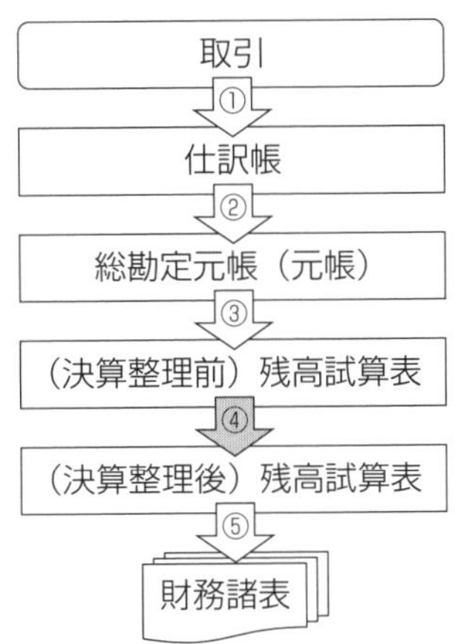

2　10桁精算表の構造

決算手続きの流れを把握するために作成される概算表のことを**精算表**（せいさんひょう）といいます。決算整理前残高試算表から，貸借対照表，損益計算書を作成するために用いられます。全体像が把握できるので，以下では，**10桁精算表**（じゅっけたせいさんひょう）をもとに決算整理手続きについて説明をしていきます。

第８章でみたように，複式簿記では，企業に関係する取引は仕訳というプロセスを経由して仕訳帳に記入されます。仕訳帳は時系列にならんでいますが，これを項目ごとに総勘定元帳に集計します。その後，試算表（残高試算表をとりあげました）によってその記載内容に誤りがないことをチェックします。

経営成績と財政状態を適切に計算するためには，最終段階である，決算の際にいくつかの修正を加える必要があります。この手続きは，「**決算整理**」または「**期末修正**」とよばれます。

精算表には，さまざまな種類（６桁精算表，８桁精算表，10桁精算表など）があります。ここでは，全体の流れが明示されることから，10桁精算表にもとづいて話を進めます。10桁精算表は，決算整理前残高試算表欄（借方，貸方で合計２桁），決算整理をするための整理記入欄（借方，貸方で合計２桁），決算整理後残高試算表欄（借方，貸方で合計２桁），損益計算書欄（借方，貸方で合計２桁），貸借対照表欄（借方，貸方で合計２桁）から構成されています。

3　決算整理項目の処理

典型的な決算整理事項の例としては，以下のようなものがあげられます。

☆現金過不足の処理

・当座預金の貸方残高の当座借越（かりこし）勘定への振替

・貯蔵品勘定への振替

☆貸倒引当金の設定

☆有形固定資産の減価償却

☆売上原価の算定

・消費税納付額の計算

☆収益および費用の前受，前払，未収，未払（従来，繰延べと見越しと表現されていた問題論点）

本節では，上記のうちの☆マークの付いた5つの具体的な計算問題を通じて，決算整理について，みていきましょう。

Exercise 9－1 ◈次の決算整理事項にもとづいて，精算表を完成させなさい。なお，会計期間は，2020年4月1日から2021年3月31日までである。

(1)　決算整理前試算表の現金過不足については，決算日までに原因が判明しなかったので，雑損または雑益に振り替える。

(2)　売掛金の期末残高に対して，3％の貸倒引当金を設定する（差額補充法）。

(3)　備品について，定額法により減価償却を行う。
残存価額0
耐用年数10年

(4)　期末商品たな卸高は800である。売上原価は，「仕入」の行で計算すること。

(5)　支払家賃は，当期中の2020年6月1日に向こう1年分を支払ったものである。

(6)　受取手数料の未収分が50あることが判明している。

(7)　給料の未払い分が70あることが判明している。

解答欄

勘定科目	決算整理前残高試算表		整理記入		決算整理後残高試算表		損益計算書		貸借対照表	
	借方	貸方	借方	貸方	借方	貸方	借方	貸方	借方	貸方
現金	6,150									
現金過不足	100									
売掛金	4,000									
繰越商品	900									
備品	9,000									
備品減価償却累計額		2,700								
買掛金		2,400								
貸倒引当金		30								
借入金		3,800								
資本金		9,000								
売上		13,450								
受取手数料		200								
仕入	8,200									
給料	2,030									
支払家賃	1,200									
合計欄 ①	31,580	31,580								
雑損										
貸倒引当金繰入										
減価償却費										
前払家賃										
未収手数料										
未払給料										
当期純利益										
合計欄 ②										

(1) 現金過不足の処理

期中に現金過不足が発生したときは，以下のように**現金過不足**で処理します。原因が判明した場合には，適切な勘定科目に振り替えます。決算日時点においても，原因が判明しない場合には，雑損（費用）または雑益（収益）に振り替え処理をします。

《計算例》

①　現金が300足りなかったとき（帳簿残高＞実際有高の場合）

　㈠　期中に支払利息の記入漏れだと判明した場合

　㈡　期末決算時点まで原因が不明だった場合

	借方	金額	貸方	金額
①	現金過不足	300	現　　金	300
㈠	支 払 利 息	300	現金過不足	300
㈡	雑　　損	300	現金過不足	300

②　現金が200多かったとき（帳簿残高＜実際有高の場合）

　㈢　期中に売掛金回収の記入漏れだと判明した場合

　㈣　期末決算時点まで原因が不明だった場合

	借方	金額	貸方	金額
②	現　　金	200	現金過不足	200
㈢	現金過不足	200	売　掛　金	200
㈣	現金過不足	200	雑　　益	200

　この問題では，借方に現金過不足の残高があります。現金過不足を消去するために，以下のような決算整理仕訳を作成します。

	借方	金額	貸方	金額
Exercise 9－1(1)	雑　　損	100	現金過不足	100

⑵　貸倒引当金の設定

　得意先の倒産，経営不振などで売掛金（受取手形）が回収できなくなることがあります。これを**貸倒れ**といいます。貸倒れが発生した場合は，売掛金を減少させる必要があります。回収不能となった売掛金が当期に形成されたものである場合は，**貸倒損失**（費用）で処理します。前期以前に形成された売掛金から貸倒れが発生した場合は，**貸倒引当金**を充当して処理をします。貸倒引当金を超過してしまった部分については，貸倒損失で処理します。

貸倒れの発生に備えて，事前に見積もった金額を**貸倒引当金**といいます。貸倒引当金は，売掛金のマイナスとしての性質をもっています。貸倒引当金を設定することは，回収が期待された売掛金の回収が困難になったということです。貸倒引当金の設定は，利益の減少（費用の発生）を意味します。貸倒引当金を設定する際に生じる費用を，**貸倒引当金繰入**といいます。

《計算例》

① 得意先が倒産し，同社に対する売掛金500（当期に形成）が貸し倒れた。

② 得意先が倒産し，同社に対する売掛金500（前期以前に形成）が貸し倒れた。貸倒引当金の残高は600である。

③ 得意先が倒産し，同社に対する売掛金500（前期以前に形成）が貸し倒れた。貸倒引当金の残高は450である。

④ 決算において，売掛金の期末残高1,000に対し，２％の貸倒引当金を設定する。なお，貸倒引当金の期末残高は９である。

	借方	金額	貸方	金額
①	貸倒損失	500	売掛金	500
②	貸倒引当金	500	売掛金	500
③	貸倒引当金 貸倒損失	450 50	売掛金	500
④	貸倒引当金繰入	11*	貸倒引当金	11*

＊貸倒引当金を売掛金残高1,000×２％＝20まで設定する必要があります。すでに９が貸倒引当金として存在することから，追加で積まなければならないのは20－9＝11だとわかります。このように，当期末に必要な貸倒引当金の設定額と期末残高の差額だけを追加で計上する方法を**差額補充法**といいます。貸倒引当金の設定方法には，洗替法と差額補充法の２つがあります。**洗替法**は貸倒引当金の残高を戻し入れてから計上し直す方法であり，差額補充法は前期の貸倒引当金の残高に当期分を加減して補充する方法です。本章では，差額補充法で処理しています。

Exercise ９－１では，売掛金期末残高4,000の３％まで貸倒引当金を設定することから，最終的には120になる必要があります。決算整理前残高試算表をみると，貸倒引当金がすでに30設定されていることから，追加で計上すべき金額は90だとわかります。

	借方	金額	貸方	金額
Exercise 9 − 1(2)	貸倒引当金繰入	90	貸倒引当金	90

(3) 有形固定資産の減価償却

建物，機械設備，備品などの有形固定資産は，長期間使用するため，当期の会計期間あたりにどれだけの費用を計上すべきか，配分計算が必要となります。事業に使用する固定資産の価値を各会計期間に配分し，費用化する会計処理のことを**減価償却**といいます。減価償却が実施されると，固定資産の金額は，その分だけ減少することになります。

減価償却によって配分された当期の費用を**減価償却費**（費用）といいます。減価償却費を計算するには，**取得原価**（固定資産を購入した金額），**耐用年数**（想定する使用期間の長さ），**残存価額**（耐用年数経過後の資産の評価額）が必要です。有形固定資産の耐用年数全体にわたって，毎期同額を減価償却費として計上する**定額法**では，減価償却費は以下のように計算されます。

$$\text{減価償却費}=\frac{(\text{取得原価}-\text{残存価額})}{\text{耐用年数}}$$

減価償却費の記帳方法（仕訳）には，**直接法**と**間接法**とがあります。ここでは，間接法について，説明します。間接法では，有形固定資産の当該会計期間の費消分である減価償却費（費用）を借方に計上します。貸方には，**減価償却累計額**（資産のマイナス）という勘定科目を用います。

《計算例》

決算において，当期期首に購入した備品（取得原価2,000，残存価額は取得原価の10%，耐用年数5年）について，定額法により減価償却を行う。減価償却にかかわる決算整理仕訳を示しなさい。

	借方	金額	貸方	金額
計算例	減価償却費	360	減価償却累計額	360

このとき，減価償却費は，（取得原価－残存価額）÷耐用年数より，（2,000－200）÷5＝360となります。

Exercise 9 － 1では，決算整理前残高試算表から，備品の取得原価9,000であることがわかります。また，問題文に，残存価額0，耐用年数10年という情報がみられます。定額法により減価償却を行うと，当期の減価償却費は900（＝{9,000－0}÷10）だとわかります。

	借方	金額	貸方	金額
Exercise 9 － 1(3)	減価償却費	900	減価償却累計額	900

(4) 売上原価の算定

売上原価とは，当期に販売した商品の購入原価のことをいいます。商品売買取引を三分法で処理する場合には，商品を仕入れたら仕入勘定（費用）で処理します。当期購入分＝当期販売分であれば，決算整理は必要ないのですが，一般的な状況では，在庫の増減があります。このとき，当期購入分≠当期販売分となります。当期に購入した分と，当期に販売した金額は，一致しないのがふつうです。

在庫の増減によって必要となる修正計算を式で示すと以下のようになります（第4章pp.55－56参照）。

売上原価＝期首商品たな卸高（期首商品在庫）＋当期商品仕入高（仕入）
－期末商品たな卸高（期末商品在庫）

《計算例》

期首商品たな卸高20，当期商品仕入高100，期末商品たな卸高30のとき，売上原価を計算しなさい。また，売上原価を仕入勘定で計算するとき，決算整理仕訳を示しなさい。

売上原価＝期首商品たな卸高（期首商品在庫）＋当期商品仕入高（仕入）－期末

商品たな卸高（期末商品在庫）の式から，売上原価は以下のように計算されます。

売上原価＝期首商品20＋仕入100－期末商品30＝90

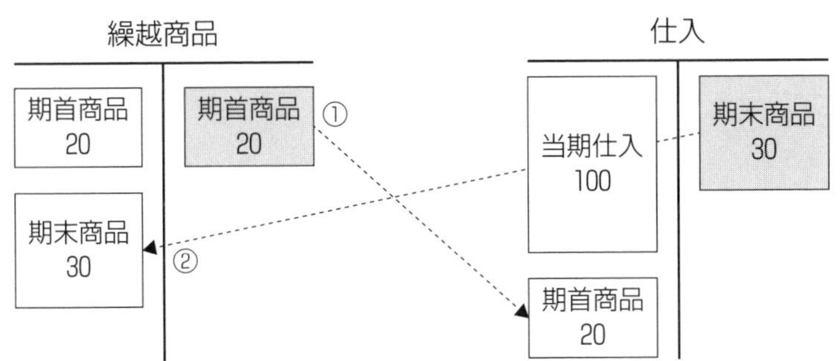

①期首商品20を繰越商品勘定から仕入勘定に移動します。
②仕入勘定（20＋100＝120）から売れ残った期末商品を削除し，繰越商品勘定に戻します。
①と②の結果，繰越商品（期末商品在庫）30，売上原価90が計算されます。

売上原価を算定するのに，仕入勘定を用いる方法と売上原価勘定を用いる方法とがあります。ここでは，仕入勘定を用いる方法について説明をします。

売上原価を仕入勘定で計算する場合，仕入勘定と繰越商品勘定を使います。繰越商品（資産）では，期末に売れ残った商品在庫の金額が記録されています。当期の決算を行う前の状態では，前期期末（つまり当期期首）の繰越商品の残高20が繰越商品勘定に残っています。この20を繰越商品勘定から仕入勘定に移動します。この段階で，仕入勘定の借方には，期首商品20＋仕入100＝120が計算されています。売れ残った商品（期末商品30）は，資産として繰り越すため，売上原価から控除して，繰越商品に戻します。この操作によって，売上原価90が仕入勘定に，期末商品在庫30が繰越商品勘定に残ることになります。

決算整理仕訳を示すと以下のとおりです。

	借方	金額	貸方	金額
①繰越商品→仕入	仕　　入	20	繰越商品	20
②仕入→繰越商品	繰越商品	30	仕　　入	30

売上原価勘定で計算した場合は，以下のようになります。

	借方	金額	貸方	金額
①繰越商品→売上原価	売上原価	20	繰越商品	20
②仕入→売上原価	売上原価	100	仕入	100
③売上原価→繰越商品	繰越商品	30	売上原価	30

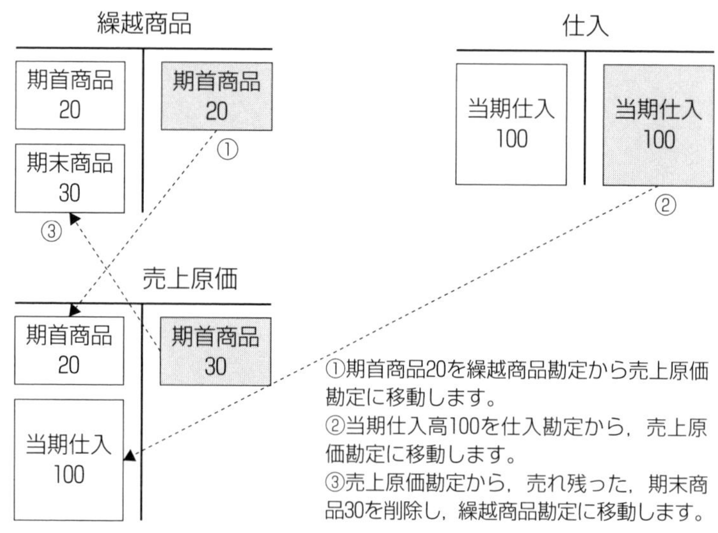

Exercise 9 − 1の計算条件で売上原価を算定する仕訳は以下のとおりです。

	借方	金額	貸方	金額
Exercise 9 − 1(4)	仕入	900	繰越商品	900
	繰越商品	800	仕入	800

【補足】 三分法と分記法

三分法では，商品を仕入れたときは購入原価で仕入勘定の借方に記入し，販売したときは，販売金額（売上高）で売上勘定の貸方に記入します。また，決算時に売れ残っている商品の購入原価を繰越商品勘定へ振り替えます。商品売買の処理に関して，仕入勘定，売上勘定，繰越商品勘定の３つに分けて記帳するので「三分法」とよばれています。

これに対して，分記法とよばれる処理方法では，商品を仕入れたときは購入原価で商品勘定の借方に記入し，販売したときは原価を商品勘定の貸方に記入するとともに，購入原価と販売金額との差額（マージン）を商品売買益勘定の貸方に記入します。商品売買の処理に関して，商品販売時の売上高を原価（商品勘定）と粗利益（商品売買益勘定）に分けて記帳するので「分記法」とよばれます。分記法では，販売時点で売上原価が算定されるので決算整理は必要ありません。計算が煩雑になるという短所が指摘されてきましたが，現在の情報環境を前提とすれば，実行可能な方法です。三分法と分記法を含め，商品売買の記帳方法としては，分記法，三分法，売上原価対立法，総記法などが知られています。

《計算例》

①　商品500を仕入れ，代金は現金で支払った。

②　上記の商品（原価500）を650で販売し，代金は現金で受け取った。

・三分法

	借方	金額	貸方	金額
計算例①	仕　　入	500	現　　金	500
計算例②	現　　金	650	売　　上	650

・分記法

	借方	金額	貸方	金額
計算例①	商　　品	500	現　　金	500
計算例②	現　　金	650	商　　品 商品売買益	500 150

(5)　収益および費用の前受，前払，未収，未払

収益および費用の前受，前払，未収，未払には，以下の４つのパターンがあ

ります。

名称	説明	属性	処理方法
前払費用	次期以降の費用を支払った金額	資産	当期の費用から削除し，資産に移動
前受収益	次期以降に発生する収益を受け取った金額	負債	当期の収益から削除し，負債に移動
未払費用	当期の費用のうち支払いがなされていない金額	負債	当期の費用に追加し，負債を計上
未収収益	当期の収益のうち，受け取っていない金額	資産	当期の収益に追加し，資産を計上

当期に支払った費用のなかに次期以降の分（**前払費用**）が含まれていれば，余計に払っていることになります。その金額を当期の費用から差し引いて，資産に計上しなければ，正確な計算はできません。

当期に受け取った収益の金額のなかに次期以降の分（**前受収益**）が含まれているのであれば，当期の損益計算の上では，もらい過ぎということです。次期以降に発生する分については，当期の収益から差し引いて，負債に計上します。

当期の費用にもかかわらず，まだ支払っていない分（**未払費用**）がある場合には，当期の費用に加算しなければなりません。同時に，その未払の金額を負債に計上する必要があります。

当期の収益であるのに，まだ受け取りがなされていない収益（**未収収益**）がある場合は，当期の収益が過少になっているので，追加して修正をします。同時に未収分については，資産に計上します。

決算整理では，損益のずれを調整するために，適正な期間に帰属させるような仕訳をします。決算整理仕訳は，翌期首に**再振替仕訳**（決算整理とは逆の仕訳）を行い，もとの勘定に戻します。

《計算例》

【前払費用】

12月末が会計期間の期末だとする。4／1に向こう1年分の手数料2,400を現金で支払った。

	借方	金額	貸方	金額
支払時	支払手数料	2,400	現　　金	2,400
決算整理	前払手数料	600	支払手数料	600
翌期首	支払手数料	600	前払手数料	600

当期の費用は，4月から12月までの9カ月分です。したがって，当期分の支払手数料は，1,800になります。

2,400÷12カ月＝200/月
200/月×9カ月＝1,800

来期のために前払いした3カ月分の手数料を当期の費用から除外し，資産（前払費用）に移動します。

【前受収益】

12月末が会計期間の期末だとする。6/1に向こう1年分の家賃6,000を現金で受け取った。

	借方	金額	貸方	金額
受取時	現　　金	6,000	受取家賃	6,000
決算整理	受取家賃	2,500	前受家賃	2,500
翌期首	前受家賃	2,500	受取家賃	2,500

当期に帰属する収益は，6月から12月までの7カ月分になります。したがって，当期分の受取家賃は，3,500になります。

6,000÷12カ月＝500/月
500/月×7カ月＝3,500

来期の分を先に預かっている前受家賃は，5カ月分になります。この金額を当期の収益から除外し，負債（前受収益）に移動します。

【未払費用】

12月末が会計期間の期末だとする。10/1に借り入れた借入金（借入期間1年）

の１年分の利息1,200を翌年９/30の借入金返済時に支払うことになっている。

	借方	金額	貸方	金額
決算整理	支払利息	300	未払利息	300
翌期首	未払利息	300	支払利息	300

支払利息1,200の全額を翌年９/30に支払うことになっています。そのうち３カ月分（10/１から12/31）は当期の費用として処理する必要があります。

1,200÷12カ月＝100/月
100/月×３カ月＝300

【未収収益】

12月末が会計期間の期末だとする。４/１に貸し付けた貸付金（借入期間１年）の１年分の利息480を翌年３/31の貸付金返済時に一括で受け取ることになっている。

	借方	金額	貸方	金額
決算整理	未収利息	360	受取利息	360
翌期首	受取利息	360	未収利息	360

480の受取りは翌年３/31ですが，貸し付けをした４/１から12/31の期末までにすでに９カ月が経過しています。９カ月分（４月から12月分）は，利息を受け取る権利が確定していますので，９カ月分を当期の利息として計算する必要があります。

480÷12カ月＝40/月
40/月×９カ月＝360

Exercise ９－１では，以下のような決算整理仕訳を作成します。

決算整理前残高試算表では，支払家賃1,200が計上されていることがわかります。当期に帰属するのは，６/１～３/31までの10カ月間です。２カ月分を前払家賃に移動します。受取手数料の未収分50については，受取手数料を増加させると同時に，未収分を資産計上します。給料の未払分70については，当期の給料を増加させると同時に，未払分を負債として計上します。

	借方	金額	貸方	金額
Exercise 9－1(5)	前払家賃	200	支払家賃	200
Exercise 9－1(6)	未収手数料	50	受取手数料	50
Exercise 9－1(7)	給　　料	70	未払給料	70

これらを10桁精算表に記入し，集計すると完成です。

解答

勘定科目	決算整理前残高試算表		整理記入		決算整理後残高試算表		損益計算書		貸借対照表	
	借方	貸方	借方	貸方	借方	貸方	借方	貸方	借方	貸方
現　　金	6,150				6,150				6,150	
現金過不足	100			100						
売 掛 金	4,000				4,000				4,000	
繰越商品	900		800	900	800				800	
備　　品	9,000				9,000				9,000	
備品減価償却累計額		2,700		900		3,600				3,600
買 掛 金		2,400				2,400				2,400
貸倒引当金		30		90		120				120
借 入 金		3,800				3,800				3,800
資 本 金		9,000				9,000				9,000
売　　上		13,450				13,450		13,450		
受取手数料		200		50		250		250		
仕　　入	8,200		900	800	8,300		8,300			
給　　料	2,030		70		2,100		2,100			
支払家賃	1,200			200	1,000		1,000			
合計欄 ①	31,580	31,580								
雑　　損			100		100		100			
貸倒引当金繰入			90		90		90			
減価償却費			900		900		900			
前払家賃			200		200				200	
未収手数料			50		50				50	
未払給料				70		70				70
当期純利益							1,210			1,210
合計欄 ②			3,110	3,110	32,690	32,690	13,700	13,700	20,200	20,200

Exercise 9－2 ◆次の決算整理事項にもとづいて，精算表を完成させなさい。なお，会計期間は，2020年４月１日から2021年３月31日までである。

(1) 決算整理前試算表の現金過不足については，決算日までに原因が判明しなかったので，雑損または雑益に振り替える。

(2) 売掛金の期末残高に対して，２％の貸倒引当金を設定する（差額補充法）。

(3) 備品について，定額法により減価償却を行う。
残存価額０
耐用年数10年

(4) 期末商品たな卸高は80である。売上原価は，「仕入」の行で計算すること。

(5) 支払家賃は，当期中の2020年７月１日に向こう１年分を支払ったものである。

(6) 受取手数料のなかに前受分が200含まれていたことが判明している。

(7) 給料の未払い分が100あることが判明している。

解答欄

勘定科目	決算整理前残高試算表		整理記入		決算整理後残高試算表		損益計算書		貸借対照表	
	借方	貸方	借方	貸方	借方	貸方	借方	貸方	借方	貸方
現金	3,940									
現金過不足		50								
売掛金	5,000									
繰越商品	100									
備品	4,000									
備品減価償却累計額		1,600								
買掛金		2,465								
貸倒引当金		15								
借入金		1,690								
資本金		4,900								
売上		8,800								
受取手数料		480								
仕入	4,500									
給料	1,500									
支払家賃	960									
合計欄 ①	20,000	20,000								
雑益										
貸倒引当金繰入										
減価償却費										
前払家賃										
前受手数料										
未払給料										
当期純利益										
合計欄 ②										

解答

勘定科目	決算整理前残高試算表		整理記入		決算整理後残高試算表		損益計算書		貸借対照表	
	借方	貸方	借方	貸方	借方	貸方	借方	貸方	借方	貸方
現金	3,940				3,940				3,940	
現金過不足		50	50							
売掛金	5,000				5,000				5,000	
繰越商品	100		80	100	80				80	
備品	4,000				4,000				4,000	
備品減価償却累計額		1,600		400		2,000				2,000
買掛金		2,465				2,465				2,465
貸倒引当金		15		85		100				100
借入金		1,690				1,690				1,690
資本金		4,900				4,900				4,900
売上		8,800				8,800		8,800		
受取手数料		480	200			280		280		
仕入	4,500		100	80	4,520		4,520			
給料	1,500		100		1,600		1,600			
支払家賃	960			240	720		720			
合計欄 ①	20,000	20,000								
雑益				50		50		50		
貸倒引当金繰入			85		85		85			
減価償却費			400		400		400			
前払家賃			240		240				240	
前受手数料				200		200				200
未払給料				100		100				100
当期純利益							1,805			1,805
合計欄 ②			1,255	1,255	20,585	20,585	9,130	9,130	13,260	13,260

第10章 管理会計・原価計算の基礎知識

1　本章で学ぶこと

第９章までに，会計情報を記した書類（貸借対照表，損益計算書，キャッシュ・フロー計算書）の作成方法について学習しました。皆さんが作成した損益計算書の内容を，もう一度眺めてみましょう。

損益計算書の１行目には，商品を提供したときにお客さんから受け取る対価である売上高が記されています。企業のもうけである利益を計算するには，売上高からビジネスの活動にかかったさまざまな費用を差し引いていく必要があります。費用のうち代表的なものが売上原価です。街の商店を考えると，売上原価は，仕入れた商品の取得原価のほか，引取費用，輸送費などの付随費用を足し合わせて計算します。

それでは，モノ（ビジネスの世界では，製品といいます）をつくっている製造業の企業の場合，どのように計算するのでしょうか。製品は，原材料の購入や保管，加工，組み立てというように，さまざまなプロセスを経てつくられます。これらの製造に使われた原材料や部品の原価のほかに，工場の水道光熱費，工場設備の維持費，工員の賃金など，さまざまな費用（原価）をもれなく集計し，足し合わせていきます。この方法が，**原価計算（Cost Accounting）**です。企業のもうけである利益を計算したり，分析したりするためには，原価計算を正しく理解していなければなりません。

本章では，第２節から第４節において，原価計算の基本的な考え方や手順について学習します。そして，第５節から第８節では，原価の情報を企業経営に活用するための方法を学習します。

2　原価計算について

(1)　原価を計算する

現在のビジネスでは，市場のグローバル化，ライバル企業との激しい競争，災害など予定外の状況に直面し，売上が思うように伸びないことが多々あります。第9章までに，利益は「売上－費用（原価）」で求められることを学習しました。売上がなかなか伸びないなかで企業が多くの利益を獲得するためには，ビジネス活動にかかる原価を低く抑えなければなりません。原価を抑えるためには，その金額を正しく計算する必要があります。製品の製造にいくらかかっているのかを把握するために行うのが原価計算です。

原価計算では，製造にかかった費用を製品と関連づけて集計していきます。製品をつくるためには，原材料や部品を購入したり，工場で働く工員に給料を支払ったり，工場で使う水道光熱費を支払ったりと，さまざまな費用がかかります。これらについて，皆さんがすでに学習した簿記と同じように，原材料費，給料，水道光熱費などの費用の種類ごとに記録（仕訳）を行います。この手続きを「**費目別計算**」といいます。ただし，このままだとそれぞれの製品をつくるのにいくらかかったのかがわからず，計画どおりにつくれたのかどうかの判断ができなくなります。そこで，これらの費用がどの場所（これを部門といいます）でいくら発生したのかを部門別に集計し，そのあとにどの製品の原価なのかを製品別に計算していきます。このうち，本章では，「**製品別原価計算**」について学習します。

なお，本章では，製品をつくる製造業の企業を想定して説明していきます。しかし，実際には製造業のみならず，サービス業においても，サービスを計画どおり提供できたのかどうかについて判断するために正しい原価計算が重視されています。どのような業界であれ，ビジネスに携わるうえで，原価計算の基本知識は欠かせません。

(2) 原価計算を行う目的

何のために原価計算を行うのかを，もう少し考えてみましょう。まず，「**財務諸表作成**」の目的があります。原価がわからないと，損益計算書の売上原価や貸借対照表のたな卸資産（在庫を貨幣価値で算定したもの）が正しく計算できません。企業の決算書類である財務諸表を正しく作成し，企業の実態を把握することは，企業経営の基本的な目的です。次が，「**原価管理**」の目的です。ビジネスを行った結果として原価を計算するのみならず，それが計画どおりに生じた原価なのか，それとも無駄な原価なのかを把握することが重要です。もし無駄な原価であれば，どこでどのような問題が起こっているのかを見極め，改善策をとらなければなりません。これが原価管理です。このほか，「**販売価格決定**」の目的でも行われます。製品をいくらで販売するかを決めるときに，それがいくらでつくられたのかを把握しなければなりません。原価を上回るような価格を設定しなければ，企業にとっての利益は見込めないからです。価格決定の基本情報としても，原価が重要なのです。

このように，原価計算の目的にはさまざまなものがあります。昔から，原価計算のテキストでは，「**異なる目的には，異なる原価を**」というキャッチフレーズがよく使われてきました。販売価格を決定するためには製品別の原価が必要ですし，部門で生産を効率よく行うためには部門別の原価が必要です。企業活動におけるそれぞれの目的に応じて，原価を計算することが重要です。

(3) 原価を構成する要素

原価を計算するために，原価がどのような要素で構成されているのかを理解することが重要です。製品をつくるには，まず原材料や部品が必要です。原材料や部品の代金のことを「**材料費**」といいます。つづいて，原材料や部品を製品に仕上げるために，工員による作業が行われます。工員に支払う給料や賃金などのことを「**労務費**」といいます。さらに，製品をつくるにはさまざまな設備や機械を使います。工場で使う水道光熱費や工場設備の維持費などのことを「**経費**」といいます。このように，工場でどのような活動が行われたのかを貨幣価値で把握するために，材料費，労務費，経費という３つの要素で記録をします。要素ごとに漏れや重複がないように記録することが，正確な原価計算を行うための第一歩となります。

3　製品原価を計算する

(1)　1種類の製品を製造する場合

さっそく，製品原価を計算してみましょう。はじめに，1種類の製品を製造するという簡単な例を考えます。

Exercise 10－1 ◆吉祥寺工場では，箱詰め洋菓子を1カ月に2,000個製造している。当月の生産データは以下のようになっている。2つの問いに答えなさい。

【生産データ】

箱詰めお菓子の生産量	5,000個
原材料	100万円
工員の賃金	200万円
工場の水道光熱費	150万円
設備の減価償却費	150万円

問1　工場全体の製造原価と1個当たりの製品原価を求めなさい。

問2　箱詰め洋菓子は1個当たり1,500円で販売されており，当月の販売数量は3,000個だった。ここに書かれた情報だけを参考に当月の損益計算書を作成しなさい。なお，月初（1カ月のはじめの時点）に在庫はなかったものとします。

解答・解説

（問1）

製造原価は，原価を構成する材料費，労務費，経費を合計したものです。つまり，「**製造原価＝材料費＋労務費＋経費**」となります。

工場では原材料100万円が材料費，工員の賃金200万円が労務費，工場の水道光熱費と設備の減価償却費を足し合わせた300万円が経費となります。

よって，製造原価は次のように求めることができます。

材料費100万円＋労務費200万円＋経費300万円＝製造原価600万円

製造原価を製品の生産量で割ると，1個当たりの製品原価を求めることができます。

製造原価600万円÷5,000個＝1,200円/個

（問2）

1個当たり1,500円の製品を3,000個販売したので，売上高は，1,500円/個×3,000個＝4,500,000円（450万円）です。また，売れ残った2,000個分の製品240万円（＝1,200円/個×2,000個）は月末の製品在庫となります。

当月の損益計算書は次のように作成できます。

売上高		450万円	（＝1,500円/個×3,000個）
売上原価			
当月製品製造原価	600万円		
月末製品たな卸高	240万円	360万円	（＝1,200円/個×3,000個）
売上総利益		90万円	

(2)　複数の種類の製品を製造する場合

Exercise 10－1では，1種類の製品のみ製造するという状況を考えました。実際の工場では，複数の種類の製品を製造していることが多いでしょう。次に，2種類の製品を製造している状況について考えます。

Exercise 10－2 ◆得意先からの要望をうけて，吉祥寺工場では，通常品と高級品の2種類の箱詰め洋菓子を製造することになった。当月の生産データは，以下のようになっている。通常品，高級品の1個あたりの原価（製品原価）を求めなさい。なお，当工場で間接費は生産量の割合で配賦

している。

【生産データ】

	通常品	高級品
生産量	3,000個	2,000個
原材料	120万円	160万円
工員の賃金	150万円	200万円
工場の水道光熱費	150万円	
設備の減価償却費	150万円	

解答・解説

Exercise 10－2では，原材料は製品別に計算します。また，工員の賃金も，各製品の製造にかかわった時間を区別して把握しているものと考え，製品別に計算します。このように特定の製品と関連づけて計算できる原価を「**直接費**」（製造直接費）といいます。

一方，水道，電気，ガスのメーターは工場全体で1つしかなく，設備も同じものを共通で使うとすると，水道光熱費や設備の減価償却費は工場全体でしか把握できません。このように，特定の製品と関連づけることができず，製品の製造について間接的に発生すると考えられる原価を「**間接費**」（製造間接費）といいます。

ここで，原価の種類について整理してみましょう。原価には，その形態ごとにみた分類（材料費，労務費，経費）と，製品との関連でみた分類（直接費，間接費）があります。この2つの分類方法を組み合わせると，**図表10－1**のように製造原価の構成を整理できます。

図表10－1 製造原価の構成

	材料費	労務費	経費
直接費	直接材料費	直接労務費	直接経費
間接費	間接材料費	間接労務費	間接経費

なお，間接材料費，間接労務費，間接経費をまとめて「**製造間接費**」ということもあります。

さて，Exercise 10－２の計算に戻りましょう。製品別に製造原価を計算する場合，直接費はそのまま各製品の原価として考えます。一方，間接費は２種類の製品で共通して発生しているため，何らかの基準で各製品に配分しなければなりません。この計算を「**配賦**」といいます（「配付」や「配布」ではありません。用語に注意してください)。ここで用いる基準を「**配賦基準**」といいます。配賦基準は，管理したい目的に応じてさまざまなものが選択されます。Exercise 10－２では，生産量を管理することが重要だと工場長が考え，生産した個数の割合で配賦しています。生産データをみると，水道光熱費と減価償却費を足し合わせて間接費は300万円となっています。これを生産量の割合３：２（＝通常品3,000個：高級品2,000個）でそれぞれの製品に配賦します。

通常品の間接費＝間接費の合計300万円÷(3＋2)×3＝180万円
高級品の間接費＝間接費の合計300万円÷(3＋2)×2＝120万円

各製品の製造原価は以下のように計算できます。

通常品の製造原価：材料費120万円＋労務費150万円＋間接費180万円
＝450万円
高級品の製造原価：材料費160万円＋労務費200万円＋間接費120万円
＝480万円

よって，製品１個当たりの原価（製品原価）は次のように求めることができます。

通常品：製造原価450万円÷3,000個＝1,500円／個
高級品：製造原価480万円÷2,000個＝2,400円／個

Exercise 10－１と10－２では，原価計算の基本的な仕組みを理解するために，簡単なケースで考えてきました。しかし，実際の工場ではさまざまな生産形態が考えられます。船舶や飛行機のように１つひとつの仕様が異なる製品を個別に受注して生産する場合，製造にかかったすべての原価を製品ごとに集計していきます。この方法を「**個別原価計算**」といいます。これに対して，鉄鋼，家庭電気製品，化学品のように同じ製品を大量に連続で生産する場合，まず一定期間の原価を全体で集計し，そのうえで単位当たりの原価を計算します。この方法を「**総合原価計算**」といいます。このように，生産現場の状況に応じて原

価計算の方法も異なります。

4　原価を管理する

第３節まで，実際に発生した原価を計算する方法について学んできました。このような方法を「**実際原価計算**」といいます。しかし，原価を管理するためには，単に結果としての原価を計算するだけでは十分ではありません。本章では，ビジネスを行った結果として原価を計算するのみならず，それが計画どおりに生じた原価なのか，それとも無駄な原価なのかを把握することが重要だとすでに学習しました。原価管理を適切に行うために使われるのが「**標準原価計算**」という方法です。

標準原価計算では，製品の生産に必要な材料の消費量や作業時間などについて計画をたてる段階で科学的に見積もり，それにもとづいて基準となる原価を定めます。事前に設定される基準となる原価が「**標準原価**」です。そして，生産を行った後に実際の原価を計算し，事前に設定された標準原価と実際原価を比較し，無駄が生じていないかを調査します。もし，標準原価と実際原価に差（これを**差異**といいます）があったときには，その差異が生じた原因を分析し，必要であれば改善を行って標準原価に近づけるようにします。

改善を適切に行うためには，標準原価と実際原価の差異がなぜ生じたのかを原因別に分析することが重要です。材料費を例に考えてみましょう。材料費の場合，原材料の価格が高騰したために生じたものなのか，それとも生産現場での作業効率が悪く，原材料を必要以上に使ってしまったために生じたものなのかによって，その後の対応が異なります。原材料の価格高騰であれば生産現場での対応は難しいですが，原材料の購入を担当する購買部門などで購入先や購入方法を変更するなどによって改善できることがあります。一方，計画よりも多くの原材料を使ってしまったということであれば，それは生産現場の責任であり，生産現場での改善をとることが必要です。このように，どこに責任があるのかを明らかにし，不要な原価の発生を防ぐように対応することが，標準原価計算を用いた管理で重要です。

5　管理会計について

第5節からは，原価の情報を企業経営に活用する方法について学習します。詳しい説明に入る前に，企業経営と関連の深い管理会計についてとりあげます。会計には，主に財務会計と管理会計という2つの領域があります。

「**財務会計（Financial Accounting）**」では，財務諸表を用いて，株主，債権者，顧客，仕入先，税務当局など企業外部の人たちに企業の状況を伝えることを目的としています。財務会計では，法律や会計基準にもとづき過去から現在までの情報を貨幣数値で表します。

一方，本章で学習する「**管理会計（Management Accounting）**」では，企業内部の経営者や経営管理者が意思決定を行うのに役立つ会計情報を提供することを目的としています。管理会計は，貨幣数値のみならず，物量情報を含む**非財務情報**も用いて，過去や現在だけでなく**将来の予測情報**も取り扱います。情報をどのように利用するかは企業の判断に委ねられており，財務会計のような会計基準はありません。このように管理会計が提供する情報の範囲や性質は財務会計とは異なっています。

管理会計は経営者の意思決定に役立つ情報を提供することを目的としているため，経営管理ととても密接にかかわっています。経営管理の基本となるのは，企業のもうけである利益を獲得できるように，事業を計画し，実行にうつし，その実施状況を評価し，さらに改善して次の計画に反映していくという利益管理のプロセスです。具体的には，1年間の事業活動の計画として**予算**を作成し，実際の活動を管理していきます。利益管理では，売上高，原価，利益を維持・改善していくための行動を慎重に選択する必要があります。第6節から第8節では，この意思決定に必要な売上高，原価，利益の関係を分析するための手法である「**損益分岐点分析（CVP分析）**」について学習します。

6　原価の動きをみる

まず，生産量や販売量に応じて原価がどのように発生するのかについて考えてみましょう。このような原価の動きのことを**コストビヘイビア（原価態様）**といいます。コストビヘイビアでみた場合に，生産量や販売量に応じて増減する原価が「**変動費**」，生産量や販売量にかかわらず一定額発生する原価が「**固定費**」です。後ほどCVP分析のところで学習するように，原価を変動費と固定費に分けて考えることで，生産量や販売量とともに利益がどのように変化していくのかを正確に理解できるようになります。この情報は，利益を管理するためにとても重要です。

それでは，変動費と固定費にはどのようなものがあるのでしょうか。まず変動費について考えてみましょう。先ほど原価計算で学習した製造原価においては，製品の生産量や作業時間の増大によって増える原価のことで，代表的なものとして直接材料費，直接労務費があります。たとえば直接材料費でみると，製品を1個つくると1個分の材料が，また50個つくるならその50個分に応じた材料が生産のために使われます。ここでは直接費を例としてあげましたが，製造間接費の一部も変動費となります。さらに，販売費については販売手数料などは，販売量に応じて増えるので変動費として取り扱います。

一方，固定費は，生産量や販売量の増減にかかわらず一定額が発生する原価ということでした。減価償却費などの製造間接費の多くは固定費です。なお，何を固定費として考えるかは，分析で想定する時間の長さや分析の目的によって異なります。減価償却費でいうと，短期的にみると固定費ですが，減価償却の期間が比較的短い設備においては設備の入れ替えまでを考えると変動費として扱ったほうが適切です。本章では，ごく簡単な例で考えますが，実際の分析では，分析の目的や企業の実態に応じて変動費と固定費の区別をしないといけないのだということに注意しましょう。

7　売上高，原価，利益の関係を分析する

(1)　利益図表について

図表10－2　利益図表

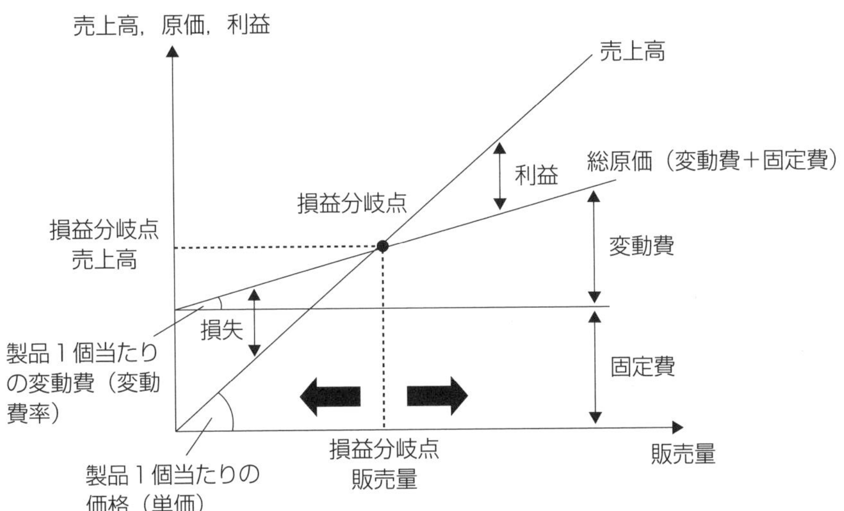

CVP分析は，生産量や販売量などの営業量（操業度）の増減に伴う売上高，原価（変動費と固定費），利益の関係を分析するための手法です。CVP分析という用語は，**原価（Cost）**，**営業量（Volume）**，**利益（Profit）**それぞれの頭文字をとったものです。CVP分析では，「**利益図表**」といわれるグラフを使います。利益図表の代表的なものは**図表10－２**のようになります。

利益図表では，横軸に生産量や販売量を営業量（操業度）としてとり，縦軸に売上高，原価，利益をとります。総原価は変動費と固定費の合計です。売上高と総原価が一致する点，つまり利益がゼロになる点を「**損益分岐点**」といいます。ここで，「売上高－総原価（変動費＋固定費）＝営業利益（または営業損失）」であることに注意しましょう。損益分岐点での販売量を上回る販売量であれば利益が獲得できますし，逆にそれを下回る販売量であれば損失となります。ま

た，損益分岐点での販売量から離れるほど，利益，あるいは損失の金額は大きくなります。

このように，CVP分析は営業量（操業度）と利益の関係を示していますので，利益管理に役立つ情報が得られます。たとえば，経営者が次年度に利益をどれくらい確保したいかが決まると，その利益を実現するためにどの程度の販売量や売上高が必要なのかがわかります。そして，この販売量や売上高を達成するために，各部門に販売量や売上高の目標を割り当てていきます。このようにして，必要な利益を実現するための計画である「**利益計画**」を作成することができます。

(2) 損益分岐点での販売量，売上高の計算

それでは実際に損益分岐点での販売量，売上高を計算してみましょう。ここでは，総原価が変動費と固定費に区別できた状況を想定してExercise 10－3について考えます。

Exercise 10－3 ◆井の頭製作所では事業の利益計画をたてている。以下のデータをもとに損益分岐点の販売量と売上高を求めなさい。

固定費：100万円

変動費：1個当たり1,000円

販売価格：1個当たり2,000円

解答・解説

損益分岐点の販売量をX個とすると，このときの総原価と売上高は次のようになります。

売上高＝2,000円/個×X個＝2,000X円

総原価＝固定費＋変動費＝100万円＋1,000円/個×X個＝100万円＋1,000X円

損益分岐点のとき，営業利益はゼロ，つまり売上高＝総原価となるので次の式が成り立ちます。

2,000X円＝100万円＋1,000X円

この式を解くと

X＝1,000

よって，損益分岐点の販売量は1,000個です。

このときの売上高は，2,000円/個×1,000個＝200万円です。

(3)　利益目標を実現するための販売量，売上高の計算

次に，利益目標を設定して，それを達成するための販売量と売上高を計算しましょう。

Exercise 10－4 ◈井の頭製作所では事業の利益計画をたてている。以下のデータをもとに利益目標90万円を達成するために必要な販売量と売上高を求めなさい。

固定費：100万円

変動費：１個当たり1,000円

販売価格：１個当たり2,000円

解答・解説

利益目標90万円となるときの販売量をY個とすると，このときの総原価と売上高は次のようになります。

売上高＝2,000円/個×Y個＝2,000Y円

総原価＝固定費＋変動費＝100万円＋1,000円/個×Y個＝100万円＋1,000Y円

「売上高－総原価（変動費＋固定費）」により営業利益が90万円ということなので，次の式が成り立ちます。

2,000Y円－(100万円＋1,000Y円)＝90万円

この式を解くと

Y＝1,900

よって，利益目標90万円のために必要な販売量は1,900個です。

このときの売上高は，2,000円/個×1,900個＝380万円です。

8　CVP分析を企業経営に活用する

第７節では，利益図表を用いた分析の方法について学習してきました。このように，企業の損益構造を簡単な数値やグラフを使って整理することで，現在よりも利益を増やすためにどのような方法をとればよいのかをシミュレーションをして考えることができます。

それでは，企業の利益を増やすためにはどのような方法があるのでしょうか。図表10－２で示した利益図表を参考に次のExercise 10－５について考えてください。

Exercise 10－5 ◆利益図表において，利益は，売上高線と総原価線の高さの差になります。このことに注意して，企業の利益を増やすための方法をできる限りあげなさい。

解答・解説

利益図表において，利益を増やすためには主に３つの方法があります。１つめは，費用構造は変えずに売上高を増やすことです。これはExercise 10－４と考え方は同じで，**図表10－３**のように費用は維持したまま，販売量と売上高を増やすことで利益を確保します。

図表10－３　売上高のみ増やす場合

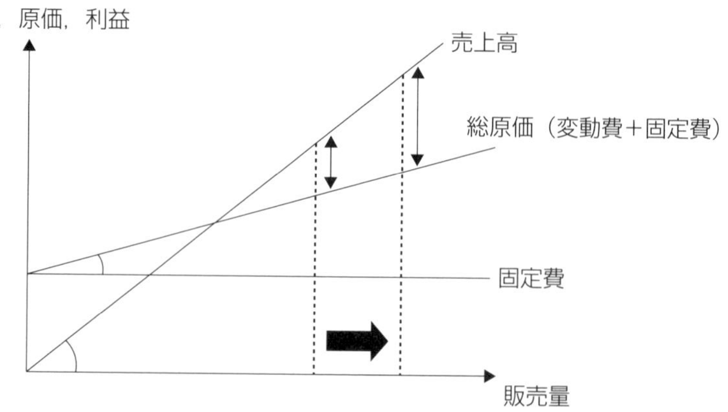

一方で，２つめと３つめの方法は，費用構造を変えるというものです。２つめの方法では，売上高を維持したまま，固定費の水準を下げます。固定費を下げるために，たとえば，生産設備を変更して減価償却費を下げることがあります。そうすると，**図表10－４**のように固定費線の位置が低くなったことで損益分岐点がXからYに下がり，その分だけ利益が増えます。

図表10－４　売上高を維持して固定費の水準を下げる場合

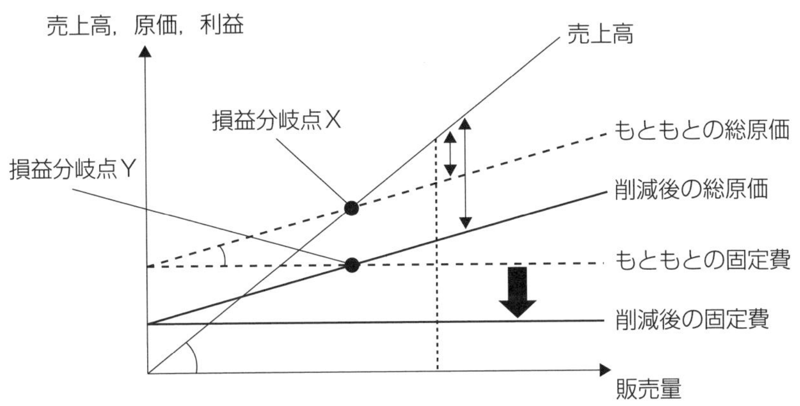

３つめの方法では，売上高を維持したまま，製品１個当たりの変動費（これを変動費率といいます）を下げます。変動費率を下げるために，たとえば，原材料を見直すことがあります。そうすると，**図表10－５**のように総原価線の傾きが小さくなったことで損益分岐点がXからZに下がり，その分だけ利益が増えます。

以上，３つの方法をみてきました。生産や事業など企業がおかれた状況に注意して，適した方法を選択する必要があります。

CVP分析では，企業の損益構造を式やグラフで整理し，直感的に理解できるようにすることで，経営者にとって将来とるべき行動を考えるために有益な情報が得られます。しかし，企業の活動をシンプルに表すために，犠牲になっている部分が多くあることにも注意しなければなりません。たとえば，本章では１つの事業を行っているという簡単な例を想定してきました。これに対して，実際の企業は複数の事業を行っていることが多く，事業ごとに費用構造が異なる

図表10－5　売上高を維持して変動費率の水準を下げる場合

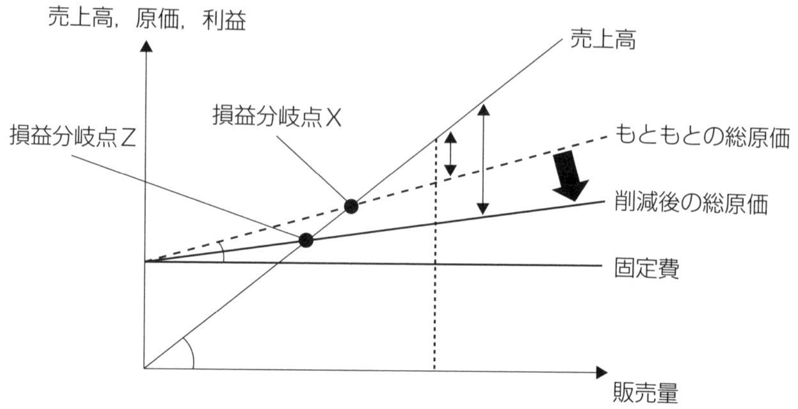

こともあるでしょう。その場合，製品ごとに分析を行って判断することが重要です。実際の企業経営では，このような限界があることを理解したうえでCVP分析を活用することが必要です。

Column コラム

原価をつくりこむ

第10章で学んだように，生産現場では無駄を減らし，生産活動の効率化を進めることで原価低減に取り組んでいます。しかし，製品の生産段階での作業効率化による原価低減には限界もあります。一般的に，製品の設計図面が作成された時点で製品原価の80%～90%が確定するといわれています。設計図面では，製品の形状・寸法・重量のほか，使用する原材料や部品，さらには設備や加工方法も決められます。設計図面が決定した後に製造現場で無駄な作業を可能な限り削除したとしても，改善による効果は限られたものとなってしまいます。

そこで，今日の企業では，設計や開発の段階から目標とする原価を実現しようとする「**原価企画**」といわれる方法がしばしば用いられています。原価企画の基本は，源流管理，つまり量産体制に入る前からさかのぼって原価を管理していくことです。そのために，原価企画には多くの特徴があります。ここでは，とくに重要な３つの特徴を紹介しましょう。１つめは，「**市場を意識した原価管理**」です。原価企画では，単に原価を引き下げるのではなく，市場で顧客から受け入れられる価格から目標とする利益を獲得するためにどれくらいの原価をかけることができるのかについて計画をたてて管理していきます。これを，原価のつくりこみといいます。

原価をつくりこむためには，設計や開発の担当者のみならず，原材料や部品を購入する購買，工場の生産，品質保証，さらには日頃から顧客と接触する販売の担当者それぞれがもつ経験や知識が欠かせません。そこで２つめの特徴といえるのが，「**職能横断的チーム**」です。原価企画では，製品にかかわる幅広い職能の担当者が１つのチームを結成して，さまざまな視点でアイディアを出し合いながら開発を進めていきます。チーム単位で活動を進めていくことで，量産体制に入ってから不備が判明してまた設計段階に戻ってしまう，というような無駄な作業を防ぎ，迅速で効果的に開発を行うことができます。これは，優れた製品の開発だけでなく，原価を低減するうえでも重要なことです。

３つめの特徴は，企業外部の「**サプライヤーとの協力**」です。自動車，機械，電気産業などの組立型産業では，多くの部品を外部のサプライヤーから購入し，組み立てて製品を生産します。製品原価を管理するために，購入する原材料や部品の価格を低減することが重要であるものの，自社だけでは管理できないことも多くあります。サプライヤーとコミュニケーションをとり協力していくことが，効果的な原価管理のために必要なのです。

索　引

欧文

あ行

か行

さ行

た行

な行

は行

ま行

や行

ら行

【執筆者および執筆担当】

高橋史郎（成蹊大学経営学部教授）　第１章，第２章

河路武志（成蹊大学経営学部教授）　第６章，第７章

伊藤克容（成蹊大学経営学部教授）　第８章，第９章

伊藤公哉（成蹊大学経営学部准教授）　第３章，第４章，第５章

井上慶太（成蹊大学経営学部助教）　第10章

基礎から学ぶ企業会計

2021年３月30日　第１版第１刷発行

著　者　高　橋　史　郎
　　　　河　路　武　志
　　　　伊　藤　克　容
　　　　伊　藤　公　哉
　　　　井　上　慶　太

発行者　山　本　　継

発行所　㈱ 中 央 経 済 社

発売元　㈱中央経済グループ
　　　　パ ブ リ ッ シ ン グ

〒101-0051　東京都千代田区神田神保町1-31-2
電話　03（3293）3371（編集代表）
　　　03（3293）3381（営業代表）
https://www.chuokeizai.co.jp
印刷／昭和情報プロセス㈱
製本／㈲ 井 上 製 本 所

＊頁の「欠落」や「順序違い」などがありましたらお取り替えいたしますので発売元までご送付ください。（送料小社負担）

ISBN978-4-502-37411-1　C3034